ライバルはいるか?

科学的に導き出された「実力以上」を引き出すたった1つの方法

金間大介

ダイヤモンド社

「負けたくない」という気持ちが、
あなたの人生を豊かにする。

「誰かと競いたくない」

今の時代、こう考えている人が多いと感じる。
とくに、僕が普段接する大学生たちや、
若手社会人たちだ。
とにかくみんな、競争を避けるのだ。

「負ける」のが怖い気持ちはわかる。
でも、じつは「勝ちたくもない」のだ。
それは、自分が勝つことで、相手に嫌な思いをさせたくないから。
だから、人前で褒められることも嫌う。
優劣をつけられ、客観的に「勝ち負け」が決まってしまう状況が、
とにかく嫌いなのだ。

そして当然、勝つための努力も嫌い。
勝たなくてはいけないというプレッシャーも嫌い。
だから、誰とも競いたくない。
そもそも、競わされたくない。

その気持ちはわかる。
でも正直、僕はこう思う。

本当にそれでいいのか?

たしかに、競うことはつらい。しんどい。
負けると悔しいし、周りからの目も気になる。
これまでの努力が無駄になったように感じて、絶望する。
いっそ、努力なんてしなければよかったとさえ感じる。

だから、誰とも競わない日々を送る。
勝ち負けなんて気にするなよ。
仲良くやろうよ。
みんな一緒でいいじゃん。
そんな競争のない世界へと逃避する。

でも、やっぱり僕は思う。

本当にそれで納得しているか？

いや、みんなが言いたいことはわかる。

余計なお世話だ。
そうやって競わせてくるような人が嫌いだ。
プレッシャーなんてかけてくるなよ。

とくに若い世代からの、そんな反応は容易に予想できる。

でも、誰とも競うことのない日々って、本当にラクなのだろうか。
どれだけ頑張っても、自分の成長を実感できないのでは。
いつまでも、今のままの自分が続く。
本当にそれで納得できるのか。

それに、競争する気持ちはおのずと湧いてしまうものだ。
職場の同期が仕事で結果を出す。
先輩が自分よりも良い仕事をする。
後輩に、仕事の結果で抜かれる。
たとえ競争させられる環境ではなかったとしても、
そこには「悔しい」「負けたくない」という競争意識が、
おのずと芽生えてくるものだ。

それに、競争することでしか得られないものもあるはずだ。

たしかに、誰かと競うことは怖い。
相応の苦労が伴うし、追加のエネルギーが必要になる。
かくいう僕も、これまで何度も挫折した。
でも、やっぱり今となっては、必要な経験だったと感じている。

だから、断言しよう。
誰かと競うことは、あなたの人生を豊かにする可能性を秘めている。

とはいえ、みんなに「競争」を押し付けようとは思わない。
そんなことを言っても、説得力がない。

だから、納得できるようなデータや研究結果を集めた。
たくさんの調査をした。
競争が嫌いな人も、気持ちが少し変わるような、
意外な事実を解き明かそうとした。

たとえば、こんなことがわかった。
今、誰かと競争をしている人は、していない人と比べて……

26%も、仕事への「意欲」が高い。
33%も、仕事の「満足度」が高い。
36%も、「成長」の実感度が高い。
28%も、「年収」が高い。
そして39%も、「幸福度」が高い。
という事実だ。

思い出してみてほしい。
部活、勉強、受験、恋愛、仕事……。
あなたの人生には少なからず、
誰かとの「競争」があったのではないか。
その競争は、あなたに何かをもたらさなかっただろうか？

その他者との競争によって、
自分の実力以上の力が出たと感じなかっただろうか。
負けたくないと焦るうちに、
おのずと行動しなかっただろうか。
勝ちたい一心で自己を磨き、
成長を感じなかっただろうか。
そして、たとえ負けたとしても、
今ではその経験が大きな糧となっていないだろうか。

現代では「みんな仲良く」が正義とされ、
「競争」は徹底的に排除された。

「競争」から逃げて、実力を秘めたままでいるか。
「競争」の力を借りて、実力以上を発揮するか。

あなたが、選ばないといけない。
今のあなたは、どちらの世界にいるだろうか。
確かめたいのなら、次のページの言葉を自分に問うてほしい。

ライバルは　いるか？

はじめに——ライバルこそがあなたの人生を豊かにする

「敵」としてのライバル

ある人は「ライバル」と聞くと、こんなイメージを抱く。

・相手を目の敵《かたき》にする
・常に自分と相手を比較する
・相手が何を考えているのかわからなくなり、怖くなる
・相手に意識が集中するあまり、周りが見えなくなる
・お互いを疲弊させてしまう

この人には負けたくない。絶対に勝ちたい。

そんな風に思うがあまり、必要以上に勝つことを意識してしまい、周りが見えなくなってしまう。

そして、ライバルと比べることばかり考えてしまい、どんどん自信を失ってしまう。

そんな過度な他者比較は、ときに精神的な苦痛を伴う。


さらには、行き過ぎた勝利至上主義によって、ライバルの足を引っ張るという行動につながることもある。

たとえば、仮にライバルにとって有益な情報を手に入れたとしても、それを秘匿するなど。

そうしないと、結果的に自分が不利になってしまうからだ。


また、自分がそう考えるということは、もしかしたら相手も同じように考えているかもしれないと、疑心暗鬼になる。

そんな思考が頭から離れなくなり、ライバルに対する信頼を消失させる。

何を考えているのかわからない。

そう悩んで、ついには相手の存在そのものを恐れてしまう。

あの人が怖い。

こういったライバル像を持つ人は多い。
まさに「敵」としてのライバルだ。

「ヒーロー」としてのライバル

他方、ある人は「ライバル」をこうイメージするかもしれない。

・相手に勝つことを目標にしている
・お互いの存在を認めている
・お互いが高め合っている
・より一層努力している
・お互いに協力し合っている

この人には負けたくない。絶対に勝ちたい。

そんな風にライバルに勝つことを目標としつつも、お互いの存在を認め合い、より高みへ向かうことに対して協力を惜しまない。

あの人はすごい。

心からそう思えるあの人も、もしかしたら自分のことを同じように思ってくれているかもしれない。

そう思うと、相手からの協力依頼は何よりも嬉しい。

「ちょっと教えてほしいことがあるんだけど」

そんな相談そのものが、まるで大きな勲章のようで、気分が高揚する。

それと同時に、「期待に応えられなかったらどうしよう」という不安が自分の心を支配する。だからこそ、手を抜かずに頑張る。

そんな関係だから、お互いに今手掛けていることに全力投球していることをよく知っている。

だからこそ、相手が成果をあげたときは惜しみなく賞賛する。

そして、そんな輝かしいライバルの姿を脳裏に焼きつけ、自分も次の挑戦や成長へと意識を向ける。

あの人がいてくれて本当に良かった。


そんなライバル像を抱く人も少なくはない。

まさに「ヒーロー」としてのライバルだ。

あなたにとってのライバルとは

あなたにとっての「ライバル」は、どちらのイメージに近いだろうか？

もしあなたが、「ヒーロー」としてのライバルに近いイメージを持っているならば、これからお読みいただく内容は、納得感のあるものになるだろう。

そしてすぐにでも、現在のライバル、あるいはかつてライバルだった人に連絡したくなるかもしれない。

反対に、「敵」としてのライバルで掲げたように、もしあなたが「ライバル」に対してネガティブなイメージを持っているなら、これからお読みいただく内容は、とても意外なものになるだろう。

なぜなら、本研究における多面的な分析の結果、ライバルを持つことは、文字通り人生を豊かにする多くの要素に溢れていることが明らかになってきたからだ。

詳細は後ほど伝えるが、多くの学術的な先行研究、1000人を超えるアンケート調査、31人へのインタビュー調査をもって、その事実を客観的・多面的に示していく。

そこへ僕なりの考察を加えながら、あなたにお届けしたい。

ライバルを持つことで得られる正の効果

もったいぶらず、結論を示そう。

ライバルの存在は、あなたに次のような効果をもたらす可能性を秘めている。

・自分が将来こうなりたいというビジョンを与えてくれる

・もっと優れた人間になりたいと思わせてくれる
・積極的な行動を心がけようという気持ちになる
・全く新しいことにチャレンジするようになる
・他者と協力し合いながら前へ進もうという気持ちが強まる

これらの効果は、いずれもライバルがいる（あるいは、かつていた）という人が、その効果として本研究に提供してくれたものだ。

いずれも、僕たちが人として成長していくために欠かせないものばかりだ。

そしてもうひとつ、今回のライバル研究からわかってきたことがある。

ライバルの存在は、あなたが持つ才能や可能性を引き出してくれるということだ。

言うまでもなく、人は誰もがなんらかの能力を秘めている。

ライバルは、それを見つけに行く旅立ちのきっかけを与えてくれる。そうして見つけたものが、あなただけの宝物であることを気付かせてくれる。

あなたが主人公キャラかどうかは問題ではない。
自分に自信があるかどうかも関係ない。
ライバルは、その宝物を磨く大切さを教えてくれる。

ライバルこそがあなたの人生の物語を動かす

この本は、あなたとライバルの関係が、あなたの人生に与える影響を、深く、多面的に明らかにしていく。
それは、あなたの人としての「成長」そのものと言っても過言ではないほどの広がりを持つ。

なぜならライバルこそが、人を動かすからだ。
家族ではなく、友だちでもなく、上司でも、先生でも、ましてや恋人でもない。
ライバルこそが人の心を突き動かす瞬間がある。

あの人にだけは負けたくない。

絶対に負けられない。


心の底から湧き上がる、いてもたってもいられないような情動が、あなたを突き動かす。

その一歩によって、あなたの人生の物語が動いていく。

あなたの実力を引き出し、大きく成長させてくれる。

「ライバル」とは、あなたにとって人生最強の壁であると同時に、人生最高の味方にもなる、
まさに唯一無二の存在なのだ。

世の中の何割くらいの人たちがライバルを持っているのか。

ライバルにはどんなタイプがあるのか。

これだけ多くの人と関わる中で、なぜたったひとりの人がライバルとなるのか。

友だちはライバルになり得るのか。

ライバル関係と競争の違いは何か。

ライバルを持つことによる負の影響をどうコントロールしたらいいのか。

勝ち切った人にはもうライバルはいないのか。

本書は、全編を通して、これらの問いと向き合っていく。
その過程で、多くのエピソードを盛り込んだ。
いくつかの伏線も張った。
ぜひ読み物としても楽しんでもらえれば幸いだ。

2024年11月　秋の金沢にて

「ライバルはいるか？」目次

第2章 現代からライバルが消えた理由
――こうして日本社会は競争を葬った

第3章 ライバルの真のイメージ
――それは本当にネガティブな存在なのか

第4章 ライバルがいるから頑張れる
――意欲と満足度に与えるプラスの影響

第5章 ライバルこそがあなたを成長させる
――競争の果てに得る4つの成長実感

第6章　恋のライバルと戦う
――敗北は人生に何をもたらすのか

第7章 ライバルの効能を科学する

――世界の研究が明らかにした成功との相関

第8章　ライバル意識のダークサイド

――敵対心という心の闇との向き合い方

第9章 自分という最強のライバル

——勝者であり続ける人が戦っているもの

第10章　ライバルと手を組むとき
――最高のチームが誕生する瞬間

第1章

ライバルは敵か、味方か

——1200人調査で判明した意外な事実

たくさんいる人たちの中で、どこか気になる存在

その名前を聞くと、なぜかほんの少しだけ心拍数が上がる。

そんな相手はいないだろうか。

それは交際相手の名前かもしれないし、喧嘩中の友だちの名前かもしれない。

あるいは、職場の同期の名前かもしれない。


「今度の新企画プロジェクトのチームに、○△さん、□×さん、それからKさんに加わってもらいます」


淡々としたアナウンスの中、「Kさん」という響きに鼓動が跳ねる。

これは、僕のインタビュー調査で回答してくれた31人のうちの1人、Hさんのストーリーだ。

HさんとKさんは、出身大学は別々だったものの、入社前の内定者バイトで同じグループになったときからの付き合いだ。

ときに人は、付き合い始めて間もない人に対して、「気になる」という感情を抱くことがある。それはもちろん恋心とか、そういう類いの感情とは別に、だ。

なぜなのか理由はわからないけど、どこか気になる存在。同期は他にもたくさんいるのに、なぜか気になるひとりの人。

Hさんにとっての Kさんは、まさにそんな存在だった。


第一に、Kさんはとても優秀だった。

単に知識が多いとか、頭の回転が速いというのとは少し違う。もちろんそれらも優れているのだろうけど、それなら他の同期だってそれなりだ。

「ものの見方」とでもいうのだろうか。考え方がブレず、思考の軸がはっきりしている感じ。それは周りの人も感じているようで、Kさんが発言するときは皆、すっと発言内容に集中する空気があった。

自分とは真逆のタイプの人がそこに

Hさんは、もう1つ、Kさんと接していてわかったことがあるという。

それは自分とKさんは、全くタイプが異なるということ。

Hさん曰く、自分はどちらかというと周りを見ながら物事を考えるタイプ。

「周りに合わせる」とまでは言わないが、頭の中で「この人はこういう風に考えてるんだな」「この人はこういう意見を持っているな」と把握しようとする。

以降はHさん本人の言及だ。


「なので、自分は全体の流れを後押しするような発言は比較的得意だと思います。自分がそういった発言をすることで、周りの人が安心する様子を見ると、発言して良かった、間違ってないんだ、とホッとしますね。

ただ、新しいアイデアが求められるような場では、うまく貢献できません。データを見たり、議論に参加したりしているときに些細なアイデアを思いつくことはあるのですが、そのアイデアがその場に適しているかどうかを判断することができず、どうしても言いよどんでしまう感じです」


Hさんは、そのことがちょっと悔しく、またそんな自分がちょっと嫌いだという。

それもあってか、先ほどのKさんに対しては、次のような感情を抱いていた。

「逆に、Kさんにはそんな素振りは一切ないんですよね。Kさんは、何らかの考えがあるときはちゃんと自分から発言しますし、当たり障りのないことを言って取り繕うような真似はしない。

それに、議題がある程度先へ進んでいるときでも、『すみません、なんかさっきの件、引っかかるんですよね。もうちょっと考えていいですか？』といった風に、自身のこだわりを披露することにためらいがない。

だから、どうしたらそんな風に振る舞えるんだろうと、気になるんです。Kさんは明らかに自分にないものを持っていて、Kさんを見てると、否が応でもその事実を突きつけられるんですよね」

では、HさんはKさんのことが嫌い（あるいは苦手）ということなのだろうか。

「いや、そういうわけじゃないです。嫌なら距離を取ればいいだけですし。でも現実では、距離を取るどころか、社内に自由参加の会議がいくつかあるのですが、Kさんが出るなら自分も参加しよう、と思うくらい。

だから、苦手ということもなくて、むしろ同期の中では仲の良い方じゃないかな。何なら会議では隣や向かいの席に座って、お互いに質問し合ったりしてます」

そこで僕は、あらためてHさんに、Kさんに対する気持ちを訊いた。

するとHさんの中に、相反する2つの感情が同居していると言う。

1つはこう。

「Kに負けたくない。対等に付き合える自分でありたい」

そして、もう1つはこうだ。

「Kに出会えて本当に良かった。Kと同期になれた自分はとても幸運で、自分は本当に人に恵まれている」

ライバルは相反する感情をもたらす

これまで一度もライバルがいたことのない人は、ライバルがいる人に対して、こんなイメージを持つかもしれない。

「人と戦うとか、ちょっと怖い」

「そんな生き方、なんか疲れそう」

「なんでわざわざ敵とか作るの？　友だちいなくなっちゃいそう」

ライバルという存在に対するネガティブな印象が強く、結果、「自分はそうなりたくない」「自分はそういうタイプじゃない」と感じる。

実際に本研究のインタビュー調査でも、類似の意見を多数聞いた。

ただし、実際にライバルがいる（あるいはかつていた）という人が抱くライバル観は、これとは異なる。

それが、Ｈさんの最後の言葉に凝縮されていた。

「あの人にだけは負けたくない」

「あの人に出会えて本当に良かった」

この２つの言葉だ。

そんな相反する感情が、ひとりの人間の中に完全に同居しているのだ。

「好敵手」は敵であり、友でもある

この事実は、僕にとって1つの発見だった。

当初は、この2つの感情は同居しえないと考えていたからだ。

明らかに相対するイメージであり、ひとりの人が、同じくただひとりの人に抱く感情としては複雑過ぎると思っていた。

しかしふたを開けてみれば、結論は違っていた。

インタビュー調査や、このあと解説する質問票調査の結果からも、多くの人が誰かひとりのことを「ライバルであり、友でもある」と認識していることが示唆されている。

そこで本書では、この状態のライバルを、後に示す先行研究に沿って「好敵手型ライバル」と呼ぶことにしたい。

1200人のライバル実態調査の結果から

ここまで何気なく「本研究」という言葉を使ってきたが、ここであらためて、僕が今回実

図表1-1：本研究における質問票調査のサンプル構成

	回答数(人)	内訳(%)
全体	1151	100.0
男性／20-29歳	191	16.6
男性／30-39歳	192	16.7
男性／40-49歳	191	16.6
女性／20-29歳	192	16.7
女性／30-39歳	193	16.8
女性／40-49歳	192	16.7

施したライバル研究の詳細を提示したい。

この研究は大きく分けて、質問票調査を中心とした定量調査と、直接的な聞き取り（インタビュー）を中心とした定性調査からなる。


まずは質問票調査の概要から。

対象は20代から40代までの社会人とした。この研究のターゲットは「日本で働くすべての人」だ。最終的なメッセージも、社会人としての成長と自己実現にある。よって、無職の人や学生は除いた。

その上で対象を男女に分け、各年代の男女200人ずつをグループ化した。これで合計1200人（200人×6グループ）となる。

主な内訳は上記の図表1-1の通りだ。

質問票は合計16の大問からなる。

設問の生成は、心理学などの分野における学術的な先行研究に依拠《いきょ》した。よって、この段階でライバルや競争に関する相当数の学術論文に当たっている。そのうち主なものを、巻末に参考文献リストとして掲載した。


質問票調査は、2023年12月に株式会社クロス・マーケティングの協力を得て実施した。回収した1200人のデータの中には、前後で明らかに矛盾した回答や、ある一定区間の設問にすべて「3」とマークした回答などが含まれていた。

これらを除去した合計1151人を、本質問票調査のサンプル集団とした。

また今回の研究では、この質問票調査の他にインタビュー調査も実施した。インタビューの第一対象者は、質問票調査と同様、20代から40代の社会人23名だ。

本研究では、これに加え、8名の大学生・大学院生にもインタビューした。


以上の質問票調査、インタビュー調査に、学術的な文献調査を組み合わせた調査研究を、ここでは「本研究」と呼ぶことにする。

以降では、これらの研究結果を踏まえ、これまで封印されてきた存在「ライバル」について、可能な限りエビデンス・ベースドの形でお届けする。

ライバルがいる人・いない人・かつていた人

互いに高め合う存在のライバル。

そもそも、一体どれくらいの人に「ライバル」という存在がいるのだろう。

本研究によって、意外な実態があらわになった。

じつは、ライバルがいる人はツイている。

なぜならライバルがいない人の方が多数派だからだ。


本研究では、ライバルの有無を「現在いる」「かつていた」「一度もいない」の3タイプに区分した。その区分を質問票に落とし込み、１１５１人に問うた結果が、次ページの図表１-2だ。

「現在いる」あるいは「かつていた」という人が合わせて約4割。

一方で、これまで「一度もいない」という人が約6割となった。

図表1-2：日本で働く20代から40代までの社会人のライバルの有無（N=1,151）

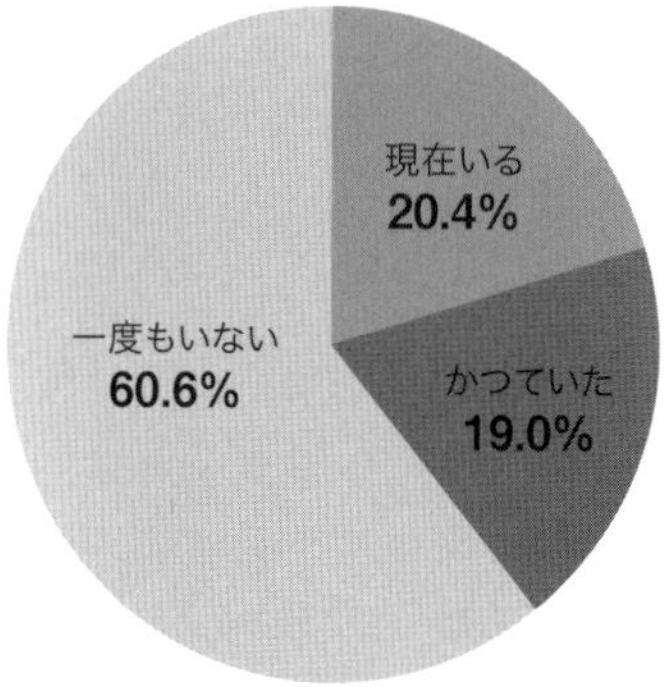

出典：筆者の研究結果より

この結果は、後に示す他機関の調査結果とおおむね一致している。

とくに共通しているのは「ライバルはいない」という人が約6割という点だ。

これが現在、日本で働く人たちの傾向ということだろう。

ライバルの有無に性差はあるのか？

ライバルが「いる」あるいは「いた」という人の方が少数派だとわかった。

ではライバルの有無と性別には、何か関係があるのだろうか？

この点が気になったのは、ステレオタイプな印象として、ライバルが競い、戦う相手である以上、「男性のもの」というイメージが

図表1-3：ライバルの有無と性差・年代差（N=1,151）

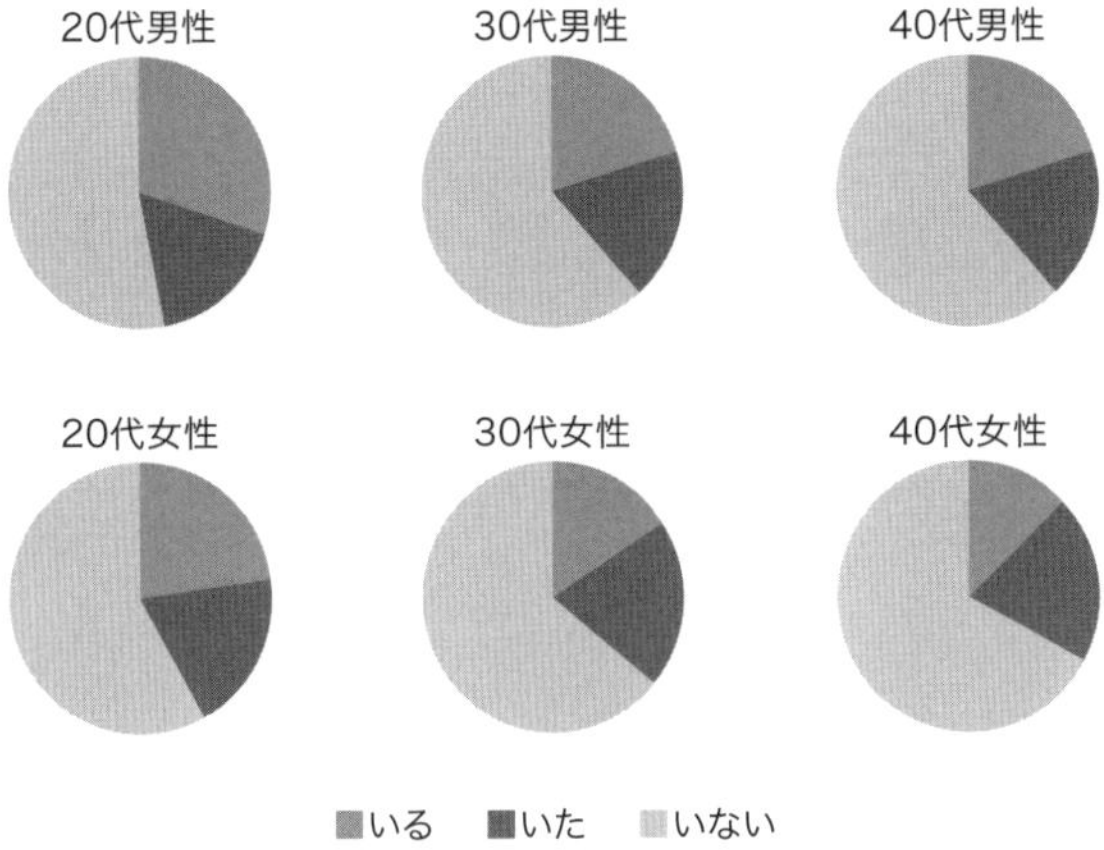

出典：筆者の研究結果より

先行するからだ。

では、実態はどうだろう？

前掲の通り、本研究では男女ほぼ同数のサンプルを収集しているため、統計的な比較が可能だ。結果は上記の図表1-3の通り。

ここでは、年代と性別をクロスした6グループで「ライバルの有無」を見てみよう。

初見の印象としては、やはり女性より男性の方がやや「ライバルあり」の割合が高い。

だが、同年代におけるその差はわずかだ。

また世代間比較としては、20代の方が「現在いる」と回答した割合が高くなっている。

したがって、20代男性がライバルに最も身近なグループと言える。

ただ、やはりその傾向の傾斜は緩やかだ。

たとえば40代男性を見ると、それなりに「現在いる」と回答する人も多く、年代進行に伴うライバル保有率の減少は、僕が事前に想定したよりも小さい。

加えて、ほんのわずかな差ではあるが、「かつていた」と回答した割合が最も高かったのは40代女性の21・7％で、これも興味深いポイントだ。

じつは、以降の分析でも、この「かつていた」派の人たちが特徴的な傾向を示し、それがいくつかの心を引くメッセージを放つので、お楽しみに。

ライバルはどこに現れる？

ライバルが「いる」あるいは「いた」という人は、どのような状況でその存在と出会ったのだろう。

本研究では、ライバルの有無について「現在いる」あるいは「かつていた」と回答した人に限定した上で、そのライバルと競った分野を選択してもらった。

図表1-4：ライバルが「現在いる」あるいは「かつていた」と回答したうち ライバルと競った分野（N=453）

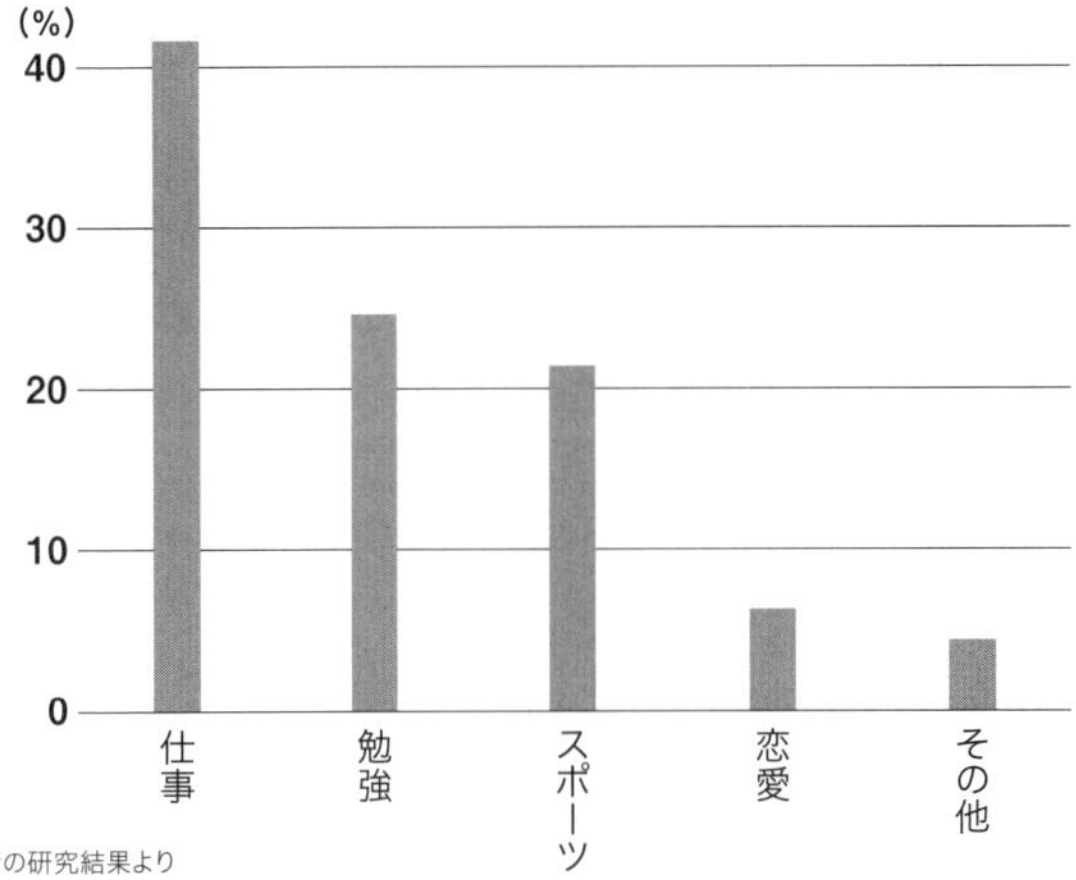

出典：筆者の研究結果より

その結果が、上記の図表１-４だ。

社会人向けの調査なだけに、ライバルが「いる」とした分野で「仕事」が最多となるのは当然の結果だろう。次いで「勉強」「スポーツ」と続く点は、多くの先行研究と合致している。

個人的には、６・８％の人が「恋愛」と回答したことが喜ばしい限り。

この人たちがその後、ライバルとの戦いに勝利し、意中の人を射止めたかどうかが気になるところだ。

本書でも後ほど、この「恋愛におけるライバル関係」には言及するので、楽しみにしておいてほしい。

自分とライバル、どっちの能力が上か？

ライバルが「いる」あるいは「いた」と答えた人の多くが、その存在を「仕事」の場で見つけたという事実がわかった。

ではライバルがいると答えた人たちは、ライバルにどのような印象を持っているのだろうか。ここでは、ライバルとの相互認識に関するデータを披露しよう。

この調査では、ライバルとの力関係についても問うている。

ここで言う力関係とは、主に競っている分野におけるそれを念頭に置いてもらっているが、具体的に何を想定するかは回答者に任せている。

ざっくりと言うと、「自分とライバル、どっちが上と思うか？」という問いだ。

結果は次ページの図表1-5の通り、「ライバルの方が上」と答える人の方が多かった。

人は、能力的に自分と同等か上の人をライバル視する。

このことは、実社会からも先行研究からも自明であり、実際、質問票調査やインタビュー

図表1-5：ライバルとの力関係に対する回答結果（N=453）

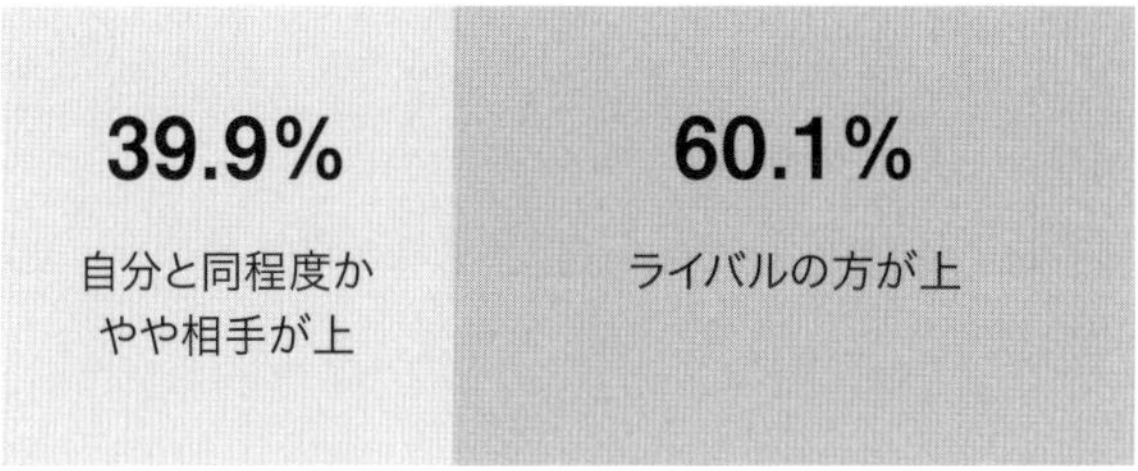

出典：筆者の研究結果より

調査において一度も疑義が呈《てい》されることはなかった。

ライバルの一位は「同期」

ライバルに対しては、基本的に「相手の方が上」と感じている。

この結果から、仕事におけるライバルは同期や先輩に限定されそうだが、実態はどうなのだろうか。

現在の日本では、人材（とくに若手人材）の確保や育成に関する議論が活況を呈しているが、ことライバルに関する調査や論考は驚くほど少ない。このことは競争に関しても当てはまる。

後章で論じることにするが、この辺りには、現在の日本の「競争より協調」「競い合いより助け合い」「個人よりみんな」といった風潮が影響しているように思う。

そんな中、僕の研究以外にも1つだけ先行調査を見つけたので、敬意をもって引用させてもらおう。

紹介したいのは、主に「マイナビ転職」サイト内で運用・展開されている「シゴトサプリ」が2017年に行った調査で、首都圏の20代から40代の社会人男女を対象としたアンケートだ。計640名がこれに回答している。

この調査によると、「仕事のライバルとしてあなたが意識している人はいますか?」という問いに対し、「いる」と答えた人は42・8%となっている。

44ページに示した僕の調査結果よりも、ライバル「あり」の比率が高くなっている。これは首都圏に限定していることが影響していると考えられる。

その内訳は、次ページの図表1-6の通り。

ライバル視する相手としては、やはり同期が圧倒的だ。「同級生・友人」も含めると、同年代のライバル率はさらに上がることになる。

図表1-6：首都圏で働く20代から40代までの社会人のライバルの有無とその内訳（N=640）

仕事のライバルとしてあなたが意識している人はいますか？

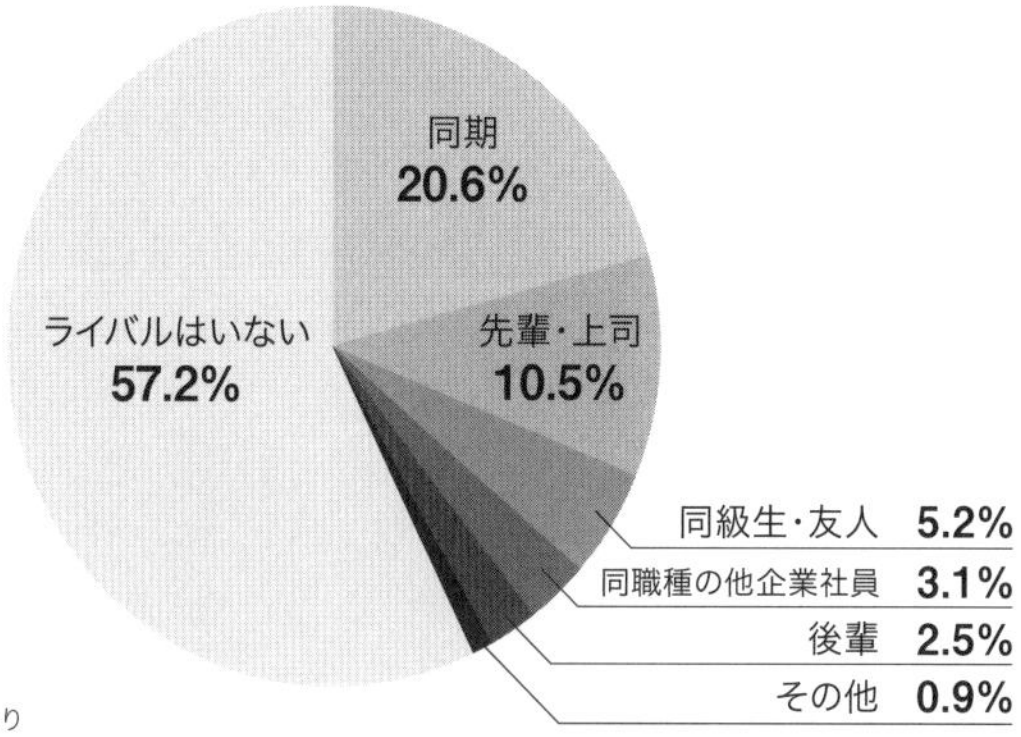

出典：「シゴトサプリ」（2017）より

図表には掲載していないが、同期らをライバル視する理由として、「仕事ができるから」とする人が多く、納得感のあるところだ。

また「先輩・上司」の割合もそれなりに高くなっていて、こちらは「尊敬できるから」という理由がつくのも、また納得感がある。

他方、面白いのは「後輩」だ。少ないながらも「後輩」を選択した回答者がいる。実際、僕のインタビューでも、「後輩のライバルがいる」と答えた回答者は一定数存在していた。

年齢や性別といった属性によって相手をライバル視するだけでなく、能力や知識といった内面的要素によっても、他者をライバル視することはあるということだろう。

ライバルとどう付き合っているのか？

僕が「シゴトサプリ」の調査で最も興味深いと思っているのが、次ページの図表1-7に示した「同期のライバルに対して行うことは？」という問いに対する回答結果だ。

ライバルがいない人にとっては、普段から顔を合わせるライバルとどのように接しているのかは、未知の部分が多い。

そこで結果を見てみると、「情報交換をする」が最多ではある。

しかしこれは選択肢としての概念が広く、曖昧な印象だ。つまり得票しやすい選択肢であると言える。

より僕の注意を引いたのは、「業務のアドバイスをし合う」「業務に関する相談をする」「業務外（キャリアなど）の相談をする」が続くところ。

なんだ、普通に仲良いじゃん。

そう思えるような結果だ。50・7％がライバルと「プライベートな相談」までしている。

図表1-7：同期のライバルに対して行うこと（N=132）

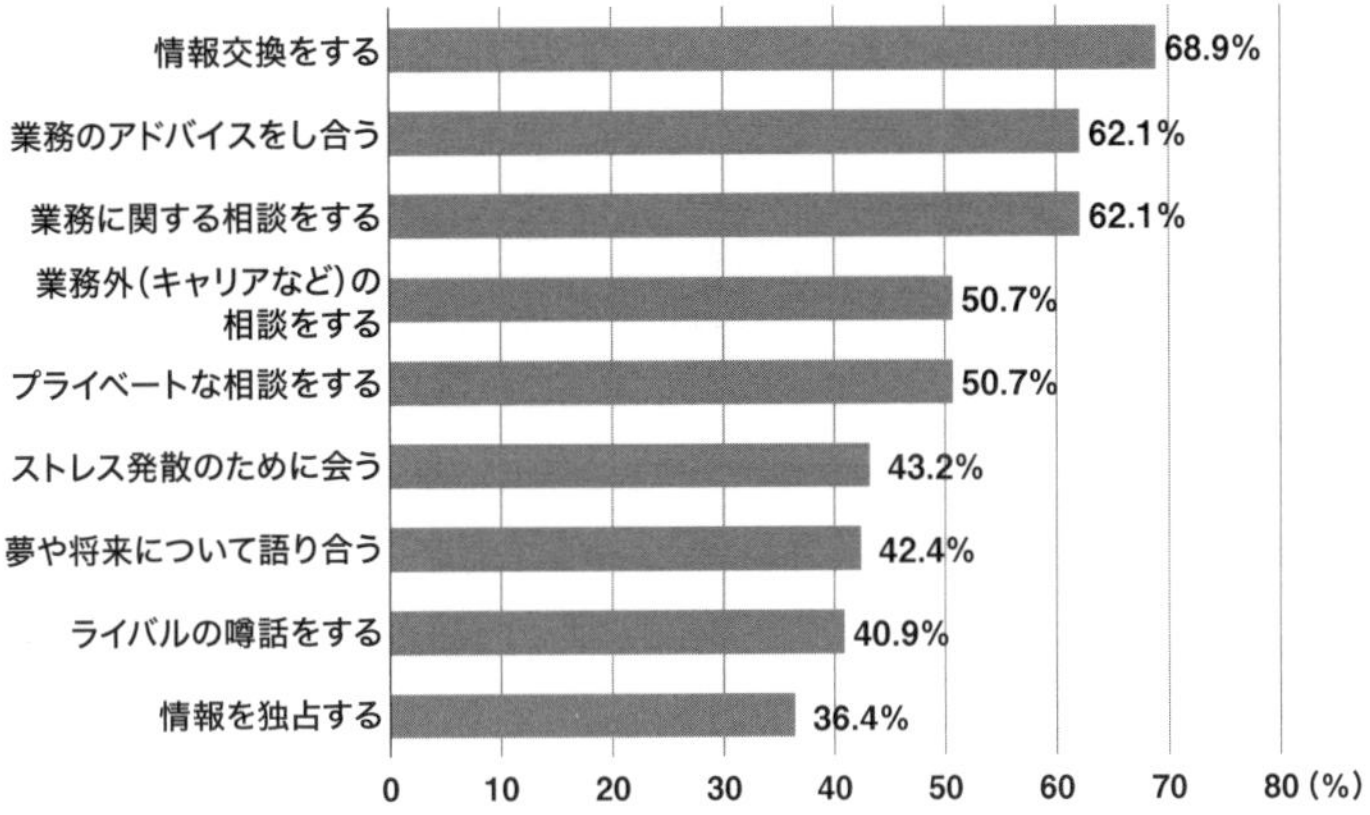

出典：「シゴトサプリ」（2017）より

ライバルと認める以上、仕事上での能力を認めていることとほぼ同義であり、（プライベートな相談は別にして）しっかりと助言を求める姿は、「頼もしい」「ライバルって良いじゃん」と感じる。

ただし、ここではもう1つ注目しておきたい項目がある。

それは「情報を独占する」だ。

なるほど、ライバル関係は仲良さげに見えるが（実際、全体的にはそうなのだが）、ちゃんとバチバチしている人たちが36・4％もいるではないか。

よしよし、そうこなくては。

せっかくのライバル研究が、「悪い人がひとりも出てこないドラマ」で終わってはつまらない（個人的に人の「ダークサイド」は嫌いじゃない）。
この点は、あらためて第8章で論じてみたい。

ライバルとは片想い？　両想い？

本研究のインタビュー調査の中で、「ライバルあり」と答えてくれた人に対し、一貫して聞き続けた質問がある。

「そのライバルに対し、あなたがライバル視しているということを（いかなる形であれ）伝えたことはありますか？」

この問いに対して、ほぼすべての回答者は「いいえ」と答えた。中には、はっきり「はい」とも「いいえ」とも答えられなかった回答者もいたが、その理由は「何となく伝わってる気がする」ということ。

であれば、質問は次へ。

図表1-8：ライバルの相互認識に対する回答結果（N=453）

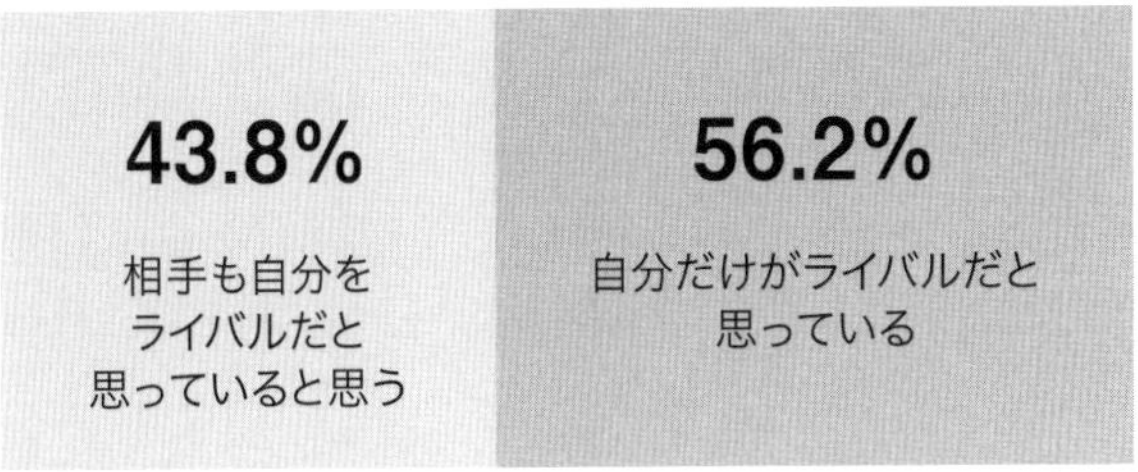

出典：筆者の研究結果より

「その人（ライバル）も、あなたのことをライバルとして認識していると思いますか？」

この問いに対する回答は「はい」と「いいえ」に大きく割れた。

事前に同様の問いを盛り込んだ質問票調査でも、やはり結果は割れた。

その結果が、上記の図表1-8だ。

結論として、僕たち人類は、どうやら「あなたは私のライバルです」と告白することは恥ずかしいらしい。

ただし、約半数の人が、相手も自分のことをライバル視していると感じる「相思相敵」状態にあると言える。

「幸福度」に関する驚きの調査結果

ライバルの実態を解明すべく、ややデータ紹介が多くなってしまったが、最後にとっておきのそれを1つ。

ライバルの有無と幸福度の関係だ。

本研究では、次の設問を設けた。

「あるはしごを想像して下さい。一番上の10段目があなたにとって最も理想的な状態で、一番下の0が最悪の状態を表します。あなたは今、どの段にいると思いますか?」

これはOECDが国際的なウェルビーイング調査で使用している「カントリルの梯子《はしご》」と呼ばれる設問を、本研究にそのまま展開したものだ。日本では、いわゆる「幸福度調査」と呼ばれる。

ご覧の通り、シンプルでわかりやすいがゆえに、使い勝手がいい。

本研究では、「ライバル」という概念に対するイメージも問うているため、それをポジティブ/ネガティブに分けた上でまとめたのが、次ページの図表1-9だ。

図表1-9：ライバルに対するイメージと幸福度の関係

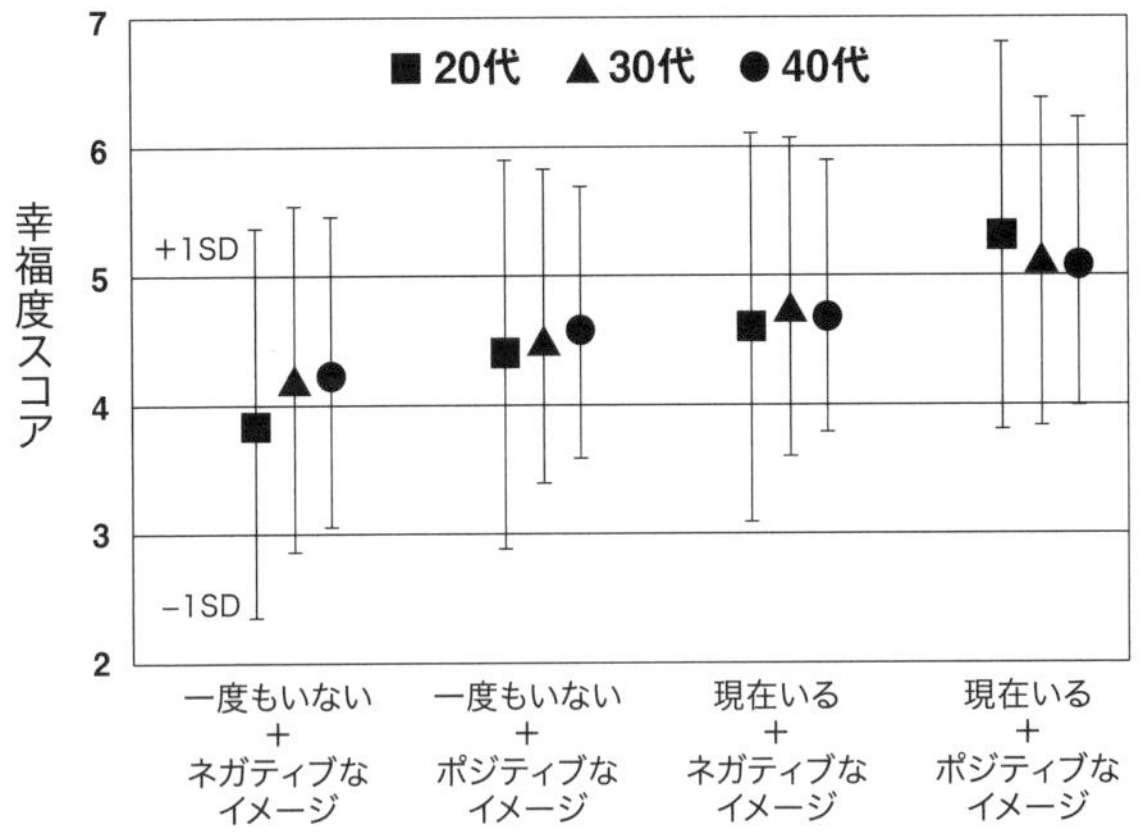

出典：筆者の研究結果より

縦軸に「カントリルの梯子」のスコアを置き、各グラフの中央の記号がその平均値を表している。さらに上下両端に標準偏差±１ずつ「ひげ」を伸ばした。

結果はご覧の通り。

「ライバルあり」の方が幸福度が高く、かつ「ライバルに対しポジティブなイメージを持つ」人たちの方が、「ライバルに対しネガティブなイメージを持つ」人たちの幸福度を凌駕している。

最も差が大きいところでは、「ライバルに対しポジティブな印象を持つ、現在ライバルがいる20代」は「ライバルにネガティブな印象を持つ、一度もライバルがいたことがない20代」と比べて、幸福度が39％も高い。

ライバルがいる人の方が、幸福度が高い。

この点については年代における差異はほとんどなく、全年代型の傾向と言っていい。

なぜ、ライバルがいる人の方が幸福度が高いのか。

もちろん、因果関係が逆の可能性も十分にある。もともと幸福な人たちの方がライバルを見つけやすい、という可能性だ。

ただ、その他にも合理的な根拠が研究を通して明らかになった。

どのような要素が「ライバルあり」派の幸福度を上げているのか。

以降の章でじっくり検証・解説していこうと思う。

第2章

現代からライバルが消えた理由

——こうして日本社会は競争を葬った

「競争相手」のいない世界

「誰が自分のライバルかなんて、考えたことなかったです」

「ライバル関係なんて、職場ではもうほとんど聞かない」

「それって、あくまで漫画とか映画の世界の話でしょ」


企業勤めの人にライバルに関する質問をすると、大抵こういった声が返ってくる。

競争についても同様だ。国内の大企業に勤めるマネジャーたちにヒアリングしてみると、こんな返答を得た。


「うちの会社では、あえて競争させるといった仕組みはもうほとんどないですね」

「そもそも社内で『競争』という言葉はまず使わないです」

「競争するなんて、今は研修で行うゲームの中くらいかも。いや、研修でももう競争はさせないか。意図的に競わせようとするとハラスメントになるんじゃないですか」

どうやら、もう多くの日本企業にとって、「ライバル」や「競争」がない状況は自然なことのようだ。

「なぜなくなったか」と考えることも、もうない。

しかし冒頭でも述べたように、ライバルとの競争は人の成長を促す。これは本書の一貫した主張の１つだ。

ライバルは、いつ、なぜ消えてしまったのだろうか。

それが日本社会にどのような影響をもたらしたのか。

この章では、これらの問いに迫ろうと思う。

競争状態とライバル関係の違い

まずは、競争状態とライバル関係の定義を確認しておこう。

一般に競争とは、限られた目標を目指して競い合うことを指す。

順位を争うスポーツはもちろん、入学試験や各種コンクール、入札などが典型例だ。英語で言えばCompetition。日本人にもお馴染みの「コンペ」がそれだ。

これに対しライバル関係とは、明確な競争相手が存在する状態に限定される。対象が「不特定多数」か「特定少数」か。

これが競争とライバル関係の明確な違いだ。

よってライバル関係の場合は、その人に勝つことが第一の目標になり、その戦いあるいは勝利から得られる成果は二次的な目標となる。

そもそもライバルに勝って得られる成果は、人によって大きく異なる。まさに千差万別。よって成果そのものは、ライバル関係においてあまり問題とされない。

ライバル関係とは「主観的」なもの

また、もう1つ、競争とライバル関係の明確な差異がある。

競争は、競争者全員が同じ目標を明確に認識している状態にある。

たとえば入学試験のように、勝ち負けの判定基準や、勝ったときに得られる成果がはっきりしている状態だ。

他方、ライバル関係は相手が明らかである反面、勝ち負け自体ははっきりせず、当人たちの主観に委ねられる場合も多い。

図表2-1：競争状態とライバル関係の特徴

	ライバル	競争
相手の数	ひとり	（不特定／特定）多数
第三者からの識別	本人たちの主観的なものであり、識別不可能	客観的に識別可能
得られる成果や目標	不明確（主観的なもの） 競争相手とも一致しない場合がある	明確 参加者全員が認識
勝ち負けの基準	不明確（主観的なもの） 勝敗がつかない、両者とも勝利、両者とも敗北などもあり得る	（時折、疑義が生じるものの）明確 参加者全員が認識

得られる成果もまた、当人たちの主観によることが多く、まちまちだ。

競争が客観的な構成要素で描写されるのに対し、ライバル関係は当事者間の関係性に左右される主観的なものである。

つまりライバル関係は、心の中にのみ存在する。

見方を変えれば、競争状態とライバル関係は共存可能だ。

というか、むしろそれが普通だ。不特定多数の競争状態の中で、この人にだけは負けたくない、と感じることは珍しくないからだ。

競争は、いつから「悪」になったのか？

さて、上記の定義や違いを踏まえた上で、議論を先へ進めよう。

本章の冒頭で紹介したヒアリング結果を思い出してほしい。令和に入った今、日本ではライバルや競争は日常社会から排除されてしまったようだ。漫画や映画の世界の中だけに存在し、むやみに現実に導入するとハラスメントにすらなりかねない。

このような共通意識は、どのように構成されたのだろうか。

現在の脱競争（あるいは嫌競争）社会と言えるような状態になるまでの道のりは、そう遠いものではない。日本人が盛んに競争していた時代は、それほど古いものではないのだ。

まずは少し前の日本、具体的には70～80年代の日本において、競争がどのように扱われていたかを簡単に振り返ってみる。過去を紐解くのはやや骨が折れるが、とくに問題意識を持ったときのそれは学びとなることも多い。

以下に、１９８４年に発行された論文「競争と二種類の不安」（河野義章・根本恵美子）の一部を引用する。

> 学校での教育原理は理想的には、協同――すなわち成員が力を合わせてひとつの目標を達成すること――であろう。しかしながら、現実には、競争の原理が学校を支配し、それればかりか家庭や地域社会までが競争の原理にのみ拠《よ》って立っているところに、今日の教育の混乱の元があると考えられる。
> なぜ、競争の原理がこれまでに支配的になるのか、それは競争が動機づけの手段として極めて安易であり、「競争だよ」のひと言で、あらゆる教育上の配慮を払拭してしまえるからである。つまり、力を尽すのは学習者の側であり、教師の側は最少限の努力も必要としないで済むからである。

徹底的な競争悪。そう思わせる記述だ。

とくに印象に残るのは前半の部分。驚くほど強い競争批判と、その裏返しとしての協同推しだ。こういった競争に対する批判的な論調は、当時の文献を掘り返すと次々と発掘される。

これらの議論から、いかに教育にとって競争は悪であるか、という主張が読み取れる。

このような嫌競争時代を経て、日本社会は「協〇」や「共〇」が多用される時代となる。

「共同」「協働」「協同」「協調」「共創」。枚挙にいとまがないとは、まさにこのことだ。「競争から協調、そして共創へ」。

こうした思想の変化は、直後の学習指導要領にも反映されていく。

もちろん、こうした競争批判の背景には、競争による負の効果の顕在化があった。その中心にあったのは、過度の競争至上主義であることは間違いない。

当時の文献を読み漁った僕なりに、この時代の論旨を整理してみると、こうなる。

「勝つことにばかり意識が集中し、結果がすべてと言わんばかりに敗者をおとしめ、競争の過程で得られる多くの貴重な果実を置き去りにする。結果として格差が広がる。経済社会が成長し、成熟する中において、より重視すべきは協同、協調することであって、競争はそれらの対極に位置する」

だが僕は今、「競争の過程で得られる多くの貴重な果実」は、やはり競争でしか得られないこと、そして「競争と協調は対極に位置しない」ことを主張したい。

その根拠を、これからの章で多数の事例とデータを交えながらお届けしていく。

「みんな仲良く」という時代の副作用

教育における児童・生徒の気質や心理への影響として、学習指導要領はよく論点として浮上する。

たとえば、2002年以降に小中学校、2003年以降に高等学校に入学した人が対象となった学習指導要領、いわゆる（狭義の）「ゆとり教育」だ。

むろん、この言葉は俗称で、当時の学習指導要領の特徴をわかりやすく（かつ過去との違いを誇張して）表現したものだ。具体的には、いわゆる知識の詰め込み型ではなく、より個人にフォーカスしたゆとりと経験重視の教育方針を指す。

ゆとり教育の特徴を表したもので最も話題になったのが、「手つなぎゴール」だ。徒競走で順位をつけず、最後は手をつないでみんな一緒にゴールする。

これをもって「ゆとり世代は競争した経験がない」などと揶揄《やゆ》された。地域によって程度の差こそあれ、確かに競争環境が大幅に緩和されたことは間違いない。

競争環境を緩和する代わりに、個の経験や体験を重視し、自ら学び、考える意欲や態度を育む教育。それがゆとり教育だ。

他者と競争して勝ち上がっていくことより、自分の周りの一人ひとりをおもんぱかり、歩調を合わせ、力を合わせて、ともに課題を乗り越える。

そんな意識を強くすることで、個を重視した主体的な学びと、チームの一員としての協調性の両方が養われる。

いつ読み返しても、ゆとり教育の理想は素晴らしい。

しかし、そんな理想を、教室という閉じた空間の中へインストールしようとしたとき、おそらくほとんどの人が予期しなかった皮肉な現象が広まり始めた。

それが今につながる、強い同調意識と横並び主義だ。

もともと同学年のみの集団であるがゆえに、わずかな違いも表出化しやすい環境の中で、個が主体的な行動を示すことは、「みんなで」「一体感を持って」「家族のように」課題を乗り越えよう、という感情的な気運を乱し、出し抜くことになる。

この集団的感情が「自らをいましめよ」「目立つ行動を控えよ」という同調圧力に転化される。

「無菌状態化」する日本企業の職場環境

むろん、競争が排除されたのは学校だけではない。

僕は講演などでよく「日本企業の職場環境は無菌状態化してきた」という言い方をする。日本企業の多くは、残業を含めた労働時間を着実に減らすとともに、各種のハラスメントへの対策を強化することで、職場を働きやすく、クリーンな場に変えてきた。

僕が子供の頃、父親の職場へ足を踏み入れたとき、最初に思ったのは「煙たい」だった。床上１・５ｍほどの高さに、薄っすらと、でも確実に目視できるタバコの煙が漂っていた（どうしてタバコの煙はあの高さに留まるのだろう）。

こう話しても、もう頷いてくれる人の方が少なくなってきた印象だ（当然、大学生相手に通じるわけもなく）。

今はどの職場でもタバコをぷかぷか吸うことはないし、女性社員に対し「女は愛嬌が一番」なんて言ったら一発アウトだ。

若い男性だからといって「お前」と呼ばれることはなくなったし、お花見の場所取りも、歓送迎会の予約も、今や先輩社員の仕事であり、若手社員は悠々と一番最後に登場すればいい時代だ。

これは先日聞いた話だが、ある先輩社員が栄養ドリンクを片手に、後輩社員に対し「今日残業できる?」と訊いたら、こう言われたとのこと。

「いいですよ。なんか夜まで職場に残るなんてドキドキしますね!」

残業も、もはや若手にとっては「イベント」なのかもしれない。

彼らが本当に24時間働くかどうかは別にして、どの職場も本当にクリーンになった。そのこと自体は素晴らしいことだと素直に思う。

このことは、本書のテーマである競争においても当てはまる。

わかりやすい例としては、自分以外の人の成績が共有されなくなったことだ。

たとえば営業部なら、各部員の契約獲得件数一覧が張り出されなくなったとか。

本書の編集者も、自分の成績のみが上長からメールで送られるため、同僚の成績はわからないと言っていた。

とはいえ今の時代にも、まだ以前のような競争を促進する取り組みをしている企業は少なからずあるだろう。

しかし世論としては、おそらく時代錯誤的だと言われる。ＳＮＳで取り上げられでもすれば、「パワハラだ」等の声が多数上がって炎上する光景が容易に目に浮かぶ。学校においても、成績上位者が張り出されることは、もう皆無と言っていいだろう。

このようなクリーンな環境を実現したのは、紛れもなく先輩たちだ。ことあるたびに、「モラハラだ」「パワハラだ」「時代遅れだ」「石器時代か」と言われていたような世代が、総体的に見れば、自らの主張を押し殺し、後輩たちが少しでも働きやすいようにと、着実にクリーン化を進めてきた。

「働きやすさ」の追求によって奪われたもの

そして今、そんな全国クリーン化計画が、逆に一部の若者にとって、成長の機会が奪われていると感じる根源になっている。かつては「ホワイト」と呼ばれていたが、近年では「ゆるブラック」と称されている職場がそれだ。

「職場がゆる過ぎて不安」
「このままでは他の職場で通用する能力が身につかない」
「同世代から後れを取ってしまう」

そんな若者たちの想いが、相談もなく突然会社を辞めていくといった、「静かに」退職する一因となっている。

詳細は、前著『静かに退職する若者たち：部下との1on1の前に知っておいてほしいこと』（PHP研究所、2024）で解説したので、ご参照いただければ幸いだ。

もちろんすべての若者に当てはまる話ではない。「ゆるくてラッキー」と思っている若者だってたくさんいる。

しかし今、僕たちの社会が推し進めている働き方改革は、そんな「のんびり派」をつなぎとめるための施策ではないはずだ。

とくに若い世代を対象とした「働きやすさ」を追求するマネジメントが、結果として彼らの「働きがい」を奪う構造になっていることを、もっと強く認識するべきだろう。

貴重な人材に配慮し、ハレモノに触るように「働きやすさ」を追求することで、結果的に

「働きがい」が低下しているとなれば、これは皮肉なことだ。

そして、その最たる例が競争環境の徹底排除だ。

日本全国クリーン化計画の代償として

ひとりの人間が、両手を大きく広げた状態を想像してほしい。

そのうち片方の手は、競争による負の影響を表す。

かつて日本社会は、競争がいかに「悪」で、「負の効果」をもたらすか（もたらすと考えられるか）を追求し、明らかにしてきた。

そして先輩たちは、これを排除してきた。

その結果が、本章冒頭で紹介した、「うちの会社では、あえて競争させるといった仕組みはもうほとんどないですね」「誰がライバルかなんて、考えたことなかったです」という声に反映される。

そして今、そんなクリーン化計画の成功の代償として、本来存在していた競争の「正の効果」も失われようとしている。

大きく広げた両手。そのうちもう片方の手にあたる、競争による正の影響だ。

日本社会は、まず先に負の影響の手を下げることに成功した。

その結果、力を失ったように、あるいはバランスを崩すように、もう片方の手も下げてしまった。

そして残ったのは、縮こまったようなひとりの人。

これが今、僕が見ている日本社会の姿だ。

こうして多くの機会と挑戦が失われた

大事なことなので、もう一度整理しよう。

この国の先輩たちは、「働きやすさ」「居心地の良さ」を追い求め、「誰も不快な想いをすることのない社会」を目指し、長い時間をかけて日本社会をクリーンにしてきた。

そんな無菌状態に慣れてくると、人はわずかな菌に接触するだけでも、重篤な症状を引き起こしてしまう。これが今の若者たちの世界だ。

良かれと思って進めてきた「働きやすさ」の追求が、事前には想定していなかったところで副作用を生むことになった。

それが今の若者における免疫力の低下と、「働きがい」の消失だ。


上司や先輩は、「あいつに負けて悔しくないのか？」「まだまだ。君ならもっとできる！」とはっぱをかけることはできなくなった。

若手が熱心に残業している姿を見て、微笑ましく見守る上司や先輩たちの姿はもうない。逆に、率先して退社するように促す姿が日常になった。

1on1では、「無理のない範囲で」と言って終わるのが定番になった。


そして残業するためには、「やむを得ない理由」を添えた、事前の届け出が必要になった。しかし多くの場合において、届け出に書けるほど、若手たちは合理的な理由を持ち合わせてはいない。

「ライバルの同期に勝ちたいから」「先輩も思いついてないアイデアを試したいから」とは、とても書けない。

そんな個人のこだわりをぶつける環境は、もう社内のどこにもない。

そしてもう、そんな個人のこだわりをぶつけようという意思さえも、多くの人の中から消滅しようとしている。

競争がなくなったことで失われた光景

繰り返しになるが、働きやすい環境に向けた改善は素晴らしいことだ。決して元に戻してはいけない。

ただし、それには代償があった。

ライバルに勝つために、夜遅く残って先輩や同期たちと深く議論することはなくなった。そもそも、そんな先輩たちを見かけることもなくなった。

必然的に、先輩たちがどんな案件を持っているのかわからなくなった。当然、どんな想いでそれを担当しているかもわからなくなった。

先輩たちは、どんな「武器」を持っていて、どんなことに悩みながら、何と戦っているのか。そんなことを知る機会もなくなった。

消えてしまったイノベーションの種たち

僕はどうしても考えてしまう。

こうして日本社会は、一体どれくらいの「小さな挑戦」や「ちょっとした発見」を失っただろう。

イノベーションを研究している身だからこそ、どうしても考えてしまう。

こうして日本社会は、一体どれほどの「イノベーションの種」を失っただろう。

「働きやすさ」や「居心地の良さ」を求めることは素晴らしいことだ。

その代わり、その成功の代償として失われたかもしれない「挑戦」や「発見」という火種たち。まさに僕たちは今、そんなジレンマの渦中にいる。

競争環境の消失は、その象徴的事例と言える。

社内で競い合うことはもうほとんどない。

同期や先輩とバチバチしたり、成績を競い合うこともうない。

絶対負けたくないと思って、夜通し何かを追い求めることもない。

でももう一度、深く考えてみたい。

どうしたら先輩たちが消し去ってくれた負の影響はそのままに、正の影響のみを復活させることができるのかを。

理想は「負の片手」を下ろしたまま、もう一方の「正の片手」を力強く持ち上げている状態だ。残念ながら今はまだ、明確な解は見えていない。

でも、答えは必ずあると思う。これからの章で紹介する、今回の調査研究で見えてきた結果が、そのヒントになる。

ライバルだけは奪うことができない

本章も、そろそろまとめに入ろう。

働きやすさの追求とクリーン化の一環で、日本の職場から消失した競争環境。

しかし、そんな中でも、ライバルの存在だけは失われることはない。

本章の冒頭で示した、ライバルの定義を思い出してほしい。

ライバルとは、一人ひとりが心の中に宿す偶像だからだ。

客観的に設定が可能な競争とは本質的に異なる。

いくら環境を整えたとしても、個人の心の中からライバルを消すことはできない。

先に紹介した「シゴトサプリ」（2017）の調査結果では、「仕事のライバルとしてあなたが意識している人はいますか？」という問いに対し、「いる」と答えた人は42・8％に上っている。

ちゃんと4割強の人が「ライバルあり」としている。

しかもこの調査は、仕事上のライバルに限定したものだ。

いかに職場から競争を排除したとしても、やはり個人の心の中のライバルまでを消すことはできない証左と言えるだろう。

職場や学校の競争環境が少しくらい変わろうとも、ライバルだけは奪うことはできないのだ。

第3章

ライバルの真のイメージ

——それは本当にネガティブな存在なのか

負けることは、恥ずかしいことなのか？

他者に負けること。

それは決して恥ずかしいことではない。全力で戦って敗れたものの姿は、むしろ勝者のそれよりも美しく、ときに清々しささえ感じられる。

と、よく表現されるが、それは本当だろうか。

少なくとも以前の僕の感覚から言えば、やはり他者に負けることはとても悔しく、恥ずかしいものだ。

何より、勝負の瞬間に至る過程の中で、もっと他にもやれることはたくさんあったはずなのに、それらをやりきれなかった自己嫌悪の念に襲われる。

そんな性格だから、僕は子供の頃、祖父と大相撲中継を観るときは、負けた力士をよく見ていた。

当時、午後5時50分頃に登場する横綱・千代の富士は、信じられないほど強かった。

立ち合いから、ものの数秒で勝負が決することも多かった。

連勝に次ぐ連勝。大関や関脇ならともかく、15日間の序盤であたる平幕の力士では、全く歯が立たない。

平幕といっても、相撲界のピラミッドからすれば、ほぼ最上位に位置する。

そんな彼らは、横綱に勝つために一体どれほどの鍛錬をしてきたのか。

積み重ねられた稽古の量は、それこそ想像を絶する。

そうして究極的に集中し、勝負に挑んだ刹那、数秒で投げを食らう。

その瞬間の悔しさ、痛みはいかほどのものなのか。

当時の大人から見れば性根の悪い子供だったのかもしれないが、僕はそんな敗者の気持ちを少しでも察したいと思った。

そしてそんな敗者の姿が、誰かと戦うことに僕が抱いていたイメージを変えてくれた。

熱く、燃えている敗者の背中

ＮＨＫのテレビ中継は、勝敗が決した瞬間、ふたりの力士からズームアウトし、土俵全体を映す。

大歓声の中、行司が勝者を指す。両サイドの徳俵に立つ力士が礼をする。

そこからの映像は、ほぼすべて勝者が独占する。戦いのＶＴＲが流れ、再び勝者のライブ映像へ。解説者が勝者の強さを称え、今後の展望を述べる。


でも僕は、敗者の姿が見たかった。

その願いが通じるように、敗者も時折映し出される。

とくに印象に残ったのは、土俵から支度部屋へと続く通路を歩く後ろ姿だった。

限界に達する稽古を積み上げ、最強の横綱に勝つその一瞬だけを夢見て、すべてを賭ける。

そんなひとりの力士の想い、プライド、努力の日々など、どうということはないと言わんばかりに、横綱は、立ち合った瞬間に相手の背中に土をつける。

たった数秒で視界を空転させられる。

そのとき敗者は、すべてを否定された気持ちになるのではないだろうか。

とてつもなく高い壁を前に、自分の限界を見せつけられ、己の未熟さを知らしめられ、絶望してしまうんじゃないか。


そう危惧する幼き僕の心配は、杞憂に終わる。

子供の僕の目には、彼らの背中に落胆や悔恨《かいこん》は感じられなかった。

その代わり僕が画面から感じたのは、熱く、燃えている背中と、次の戦いへの決意だ。そこに暗澹《あんたん》たる思いは、一切感じられない。

それともあの感覚は、僕の願望が投影されたものだったのだろうか。


その後、敗者の背中は、支度部屋の近くで待つ同門の力士たちと合流する。何かの言葉を交わす表情にも、やはり落胆の色は見られない。

むしろ、笑みこそないものの、「横綱、マジで強かった」と言って喜んでいるような。

ほんの少しだけ、楽しそうな。ワクワクしているような――。

そんな数秒を僕に届けたのち、テレビ中継は再び千代の富士の勝利インタビューへ。

このときの僕の記憶に残る千代の富士は、全く笑みを見せず、むしろより鋭く引き締まった目をしていた。

1151人が抱くライバルのイメージ

本章で取り上げたいのは「ライバルのイメージ」だ。

「ライバル」という言葉を聞いて、読者の皆さんはどんなイメージを思い浮かべるだろう？(幼き頃の)僕の場合は、「圧倒的な強さ(と絶望感)」「ワクワクさせてくれる存在」といったところ。こんな風に、人によって思うこと、感じることは様々だろう。

ただ、本研究を通して、僕は意外な事実を得た。

本研究では、質問票調査の中で「ライバルと聞いて思い浮かぶイメージ」を問うている。複数の選択肢の中から最大3つを選択してもらう形式とし、その結果を集計した。

そして、ただ単純集計しただけではつまらないので、「ライバルの有無」に関する3つの区分(現在いる、かつていた、一度もいない)でクロス集計した。

その結果、この3区分で、回答結果のバランスが異なってくることがわかってきた。

たとえば、ライバルのイメージとして「お互いに協力し合う」を選択した人は、「現在いる」のグループでは28%、「かつていた」のグループでは12%、「一度もいない」のグループでは8%程度となった。

そこで、これらの割合を「引力」に見立てて、数値が大きいほど最も割合の大きい三角形の頂点に近づくように配置したのが、次ページの図表3-1だ。

図表3-1 ：「ライバル」と聞いて思い浮かぶイメージ（N=1,151）

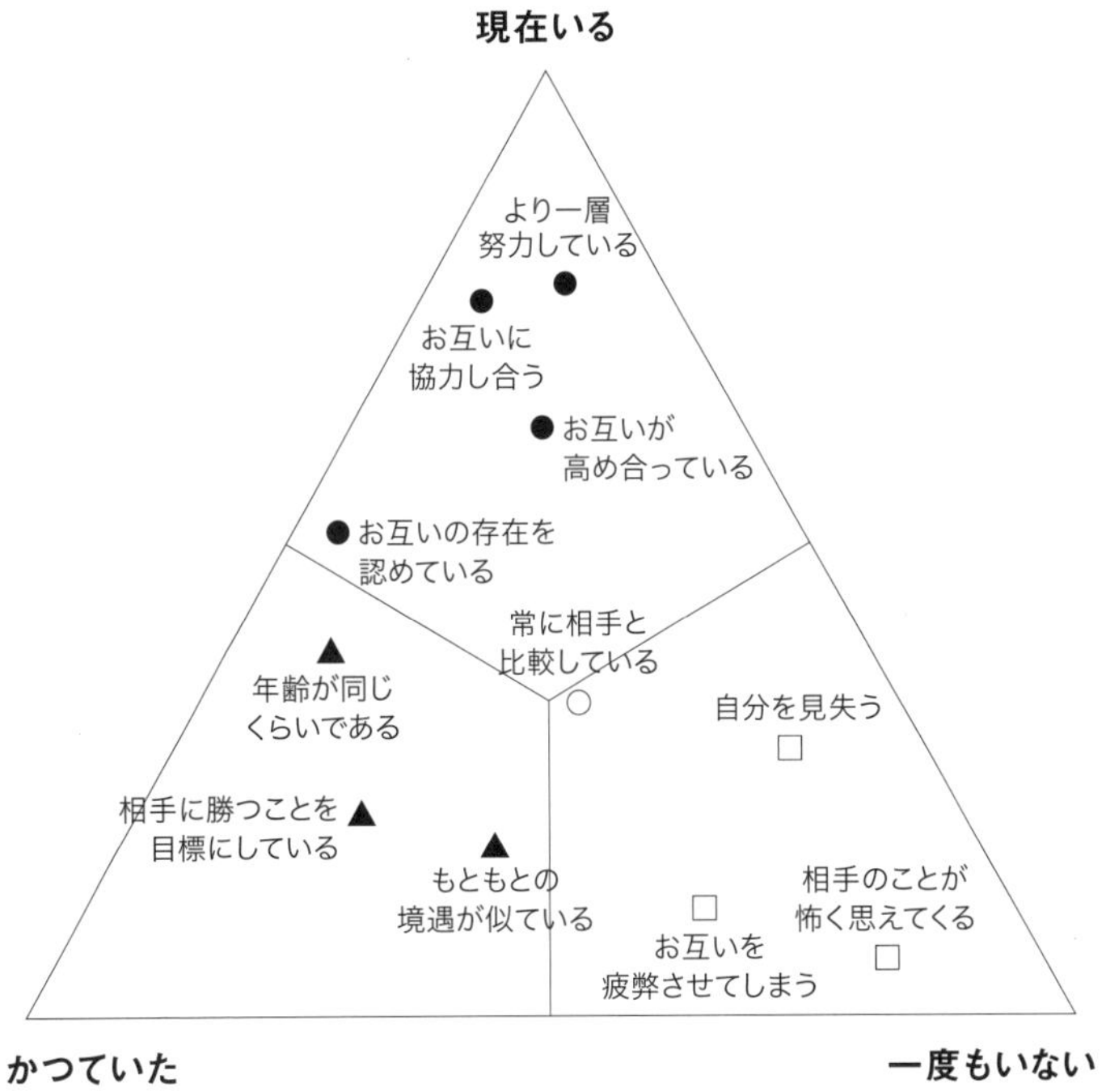

出典：筆者の研究結果より

先の「お互いに協力し合う」は「現在いる」グループが強く支持していることから、三角形の上方にプロットされる。

他方、「常に相手と比較している」は、3つのグループの回答者がほぼ同じ割合だったため、三角形の中央に位置する。

ライバルがいる人ほど、前向きなライバル像を持つ

さて、あらためて1151人が選んだライバルのイメージを見ていこう。結果は図表3-1の通りだが、ここで強調したいのは次の2点だ。

1つ目は、「現在いる」グループの人たちが選択した項目のポジティブさだ。「より一層努力している」を筆頭に、「お互いに協力し合う」「お互いが高め合っている」「お互いの存在を認めている」という具合に、実に好印象のイメージが並ぶ。

強調したいのは、「現在いる」という名の通り、このグループはアンケートを回答する時点で、具体的なライバルが存在している。

したがって質問票調査にも、そのライバルを念頭に置きながら回答していたことだろう。

そんな、ライバルに対する高い解像度を持った回答者たちが答えたイメージ像が、「より一層努力し、協力し合い、高め合い、認める」ライバルたち。

実際にライバルを持っている人たちが、いかにライバルとポジティブな関係を構築しているかを垣間見ることができる。

ライバルがいない人ほど、ライバルを「恐れる」

強調したいもう１つの点が、「一度もいない」グループの人たちが持つネガティブなライバル像だ。

相手のことが怖くなり、お互いを疲弊させ、最後は自分自身を見失ってしまう。そんなイメージ像が浮かび上がる。

何ともつらいイメージだが、ここでの注目点は、このグループは「一度もライバルを持ったことがない」ということ。

つまりイメージだけで、このような負のライバル像を描いていることになる。

最初にこのデータを見たときは、「『ライバルって怖いものだ』『疲れてしまうものだ』と思い込んでいるから、今まで一度もライバルを持ったことがないんだ。要するに食わず嫌いの人たちだ」と思った。

でも、おそらくそんな単純な話ではない。

「人間関係に対するイメージは、自分自身の内面や経験を投影する」という。

ライバルがいないにもかかわらず、負のイメージ像を持ってしまう人たち。

それはもしかしたら自分でも意識していないような、過去における何らかの人間関係が影響している可能性がある。

ということは、実際にライバルを持つことで、少しずつそんな負のイメージが払拭されていくかもしれない。

ライバルがもたらす、大切な「ある感情」

この流れで、本章ではもう1つ、類似の調査結果も見てもらいたい。

次ページにある図表3-2は、「ライバルの存在は、あなたにどんな影響を与えると思いま

図表3-2：ライバルの存在が与える影響（N=1,151）

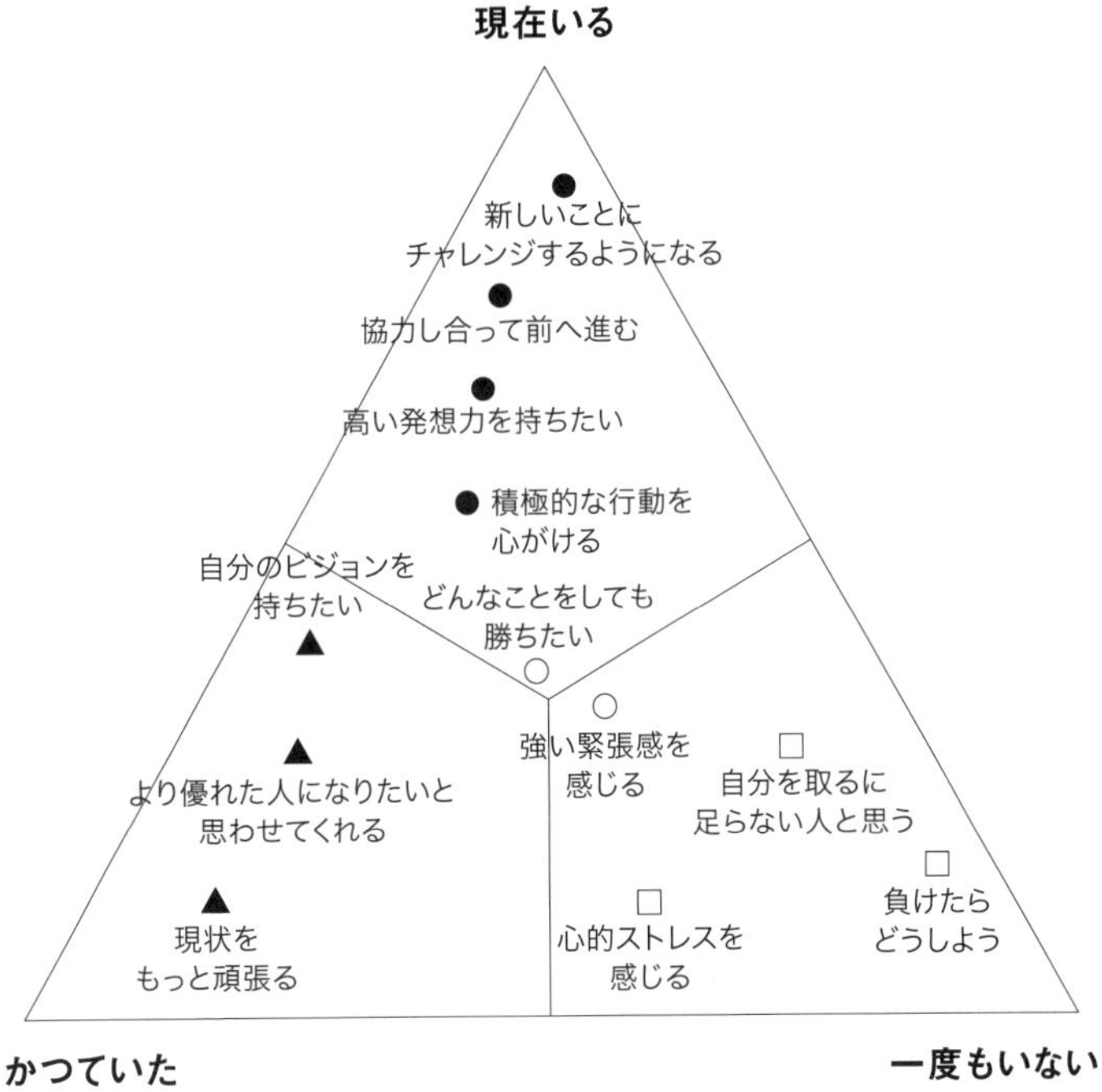

出典：筆者の研究結果より

すか」という問いに対する回答結果だ。実際の設問の構成や分析方法は、先の図表3-1と全く同じにしてある。

さっそく結果を見ていこう。

じつは強調したいポイントも、先と全く同じ2点だ。

第一に、「現在いる」グループにおけるライバルの影響がすこぶる良いこと。

第二に、「一度もいない」グループの人たちが想定するライバルの影響が、極めてネガティブなこと。この2点だ。

2つ目のポイントは、後の章で「ライバル意識のダークサイド」としてしっかり扱うので、ここでは1つ目のポイントについて解釈を深めよう。

「新しいことにチャレンジするようになる」
「協力し合って前に進む」
「高い発想力を持ちたいと思う」
「積極的な行動を心がける」

じつに前向きで、何事にも代えがたいような好影響ばかりだ。

このようなことを、実際にライバルを持つ人たちは日々、感じながら生活しているとしたら、本当にすごいことだ。

じつは調査をする前から、ある程度の好影響は得られるだろうと予想はしていた。

しかし、ここまで強い結果が得られるとは、予想以上だった。


とくに、データを見た瞬間、声が出てしまうほど予想外だったのが、「新しいことにチャレンジするようになる」だ。

僕の専門は、イノベーション論だ。

そして、若者の人材育成を研究している身でもある。

今の日本にとって、チャレンジ精神を発揮することがいかに重要かは、痛いほどよくわかっている。

そして、いかに今の日本の若者の多くが、できる限りリスクを取らず、安定した人生を選択しがちか、ということも。

そんな僕の目の前に、「ライバルを持つ人ほど、新しいことにチャレンジする傾向にある」というデータが現れたのだから、心中穏やかではいられない。

「ライバルはチャレンジ精神を促す」

この事実に一筋の光を感じつつ、テンションが上がり過ぎないよう注意しながら、本書の執筆を続けよう。

ライバルは「より優れた人間になりたい」と思わせてくれる

最後にもう1つだけ、ライバルの存在が与える影響で興味深いポイントを共有して、本章を閉じることにしよう。

それは、ライバルが「かつていた」というグループにおける「より優れた人になりたい」と思うようになった人の割合の高さだ。

「現在いる」グループの人たちが「優れた人になりたい」と思うのなら、理解はしやすかった。

目の前のライバルはきっと素晴らしい人だろうから、少しでも近づきたいと思うのは想像に難くない。

が、結果は「かつていた」グループの割合が最多となった。これはどういうことか。

そもそも、ライバルがいることを想定した場合、その人を上回りたい（つまり勝ちたい）という想いと、「より優れた人になりたい」という想いは微妙に異なる。

実際、「どんなことをしても勝ちたい」という項目は、ライバルの有無に関係なく得票を集めており、結果として三角形の真ん中に配置されている。

なぜ、かつてライバルがいたという人ほど、優れた人になりたいと願うようになるのか。

このミステリー、あなたはどう解釈するか。

じつは今回のライバル研究を通して、この「かつてライバルがいた」グループが最も謎が多く、手強い存在となった（ただその分、分析しがいのある存在ともなった）。

かつてライバルがいたという人たちは今、どんな心境にあるのか。

第9章であらためて思考を深めたい。

なぜライバルが「いる」もしくは「かつていた」という人は、ライバルについてこれほどまでに良い印象を持っているのだろうか。

それはおそらく、実際に自分自身が、ライバルという存在による恩恵を感じたことがあるからに他ならないだろう。

本書の冒頭で伝えたように、ライバルは僕たちに様々な恩恵をもたらしてくれる。

いよいよ次の第4章から、いくつかの章にわたって、この「ライバルがもたらす恩恵」についてて見ていこうと思う。

第4章

ライバルがいるから頑張れる

——意欲と満足度に与えるプラスの影響

入社3年目の「社内マップ」

「P課のQさん、R部に異動するんだって」

「あー、なるほど」


いつの時代、どの会社でも、人事ネタは最大の関心事だ。

どんなに騒がしい飲み会でも、その瞬間だけは全員が聞き耳を立てる。

しかし新人の頃は、先輩たちの会話にどこかついていけない部分は多い。

この「あー、なるほど」を共有できない。

先輩たちは何らかのバックグラウンドを共有していて、そこから「なるほど」と頷き合っているらしいことはわかる。

でも、肝心のその背景が共有できていない状態だ。

それが3年目くらいになると、「あー、なるほど」側に回る。

Qさんの社内における立ち回りや、言動、評価、そして自部署や他部署との関係性といった、目には見えない力学が把握できるようになるからだ。

だから先ほどの先輩の言葉に隠された、「あー、なるほど（Qさん、同期のSさんがR部に配属されて活躍してるのを悔しがってたもんね）」という事情もわかるようになる。

このように入社3年目頃になると、頭の中に「社内マップ」ができるようになる。単純な組織図が頭の中に記憶されるということに加え、各部署の役割や立ち位置、そこで働く人たちの能力や雰囲気などが、ぼんやりとわかるようになってくる。

この「社内マップ」がいかにして完成し、その後の社内政治にどう影響するか。という研究命題は、組織論やネットワーク論の視座から見ても実に興味深いテーマなのだが、その知的好奇心は一旦抑えておこう。

ここでは「社内マップ」のうち、ライバルの存在にフォーカスしたい。

活躍したり、出世したり、異動したり。仲が良かった同期や先輩たちも、入社3年も経てば、おのずと社内での立ち位置が変わってくる。

こうして、人間観察ならぬ社内観察をしているうちに、おのずとライバル的な存在が生み出されていくことがある。

どこか自分と似ていて、でも全く違う側面を持っている人。

追いつけそうで、いつも3歩先を行く人。

付き合いの浅さから、あまり気にかけていなかった人が、ポンッとプロジェクトリーダーに抜擢されるのを見て、それ以来少しずつ気になるようになる。

そんな変化が入社3年目までに起こるのだ。

ライバルが現れる条件「近接性」とは

第1章で伝えたように、本研究では、職場の同期や先輩をライバル視する人が最も多い結果となった。

本人に自覚はないかもしれないが、気になる存在は、同じような状況、同じような境遇、同じような能力を持っている相手である可能性が高いのだ。

じつはこれには、明確な理由がある。

「なぜAさんではなく、Bさんをライバルだと感じたのか」という命題は、多くの研究者の好奇心をくすぐるようで、分厚い先行研究の蓄積がある。

そうして導かれたのが、ライバルの「近接性」という条件だ（e.g. Josefina et al. 2023; Tyler and Cobbs 2015)。

先人の研究者たちにおける学術的な問いはこうだ。

「ある行為者が、他の特定の競争相手よりも優位に立ちたいという主観的な欲求を抱くようになるのはなぜか」

ポイントは、「特定の」という点にある。なぜAさんではなく、Bさんがライバルになるのか。その条件を客観的に明らかにしよう、というのが目標だ。

この目標に対し、社会的比較理論などをベースとした多くの先行研究では、当該行為者の特性に関して、人は自分自身を評価しようと努める傾向があるとしている。その結果として、同じような能力レベルの他者と比較する傾向があるという（Greve, 1998; 2008; Porac et al. 1995)。

こうした一連の研究から、不特定多数の競争環境から、特定の誰かがライバルとなる条件の1つとして「近接性」が見出された。

「近接性」には、「物理的近接性」と「能力的近接性」の2種類が存在するということも報告されている（Kilduff et al. 2010）。

要するに、「距離が近い」と「能力が近い」の2種類だ。

だから、物理的にも能力的にも近しいふたりが、同期入社のように同一のグループとみなされるような場で出会ったとき、ライバルとして認識し合う可能性が高くなる。

ちなみに近接性は個人のみならず、集団にも適用できるという。

集団を対象とした先行研究では、集団間の類似性が高いとき、すなわち同じような出自や歴史、特性などを持った集団同士が出会ったとき、双方の集団は相手に対し競争意識を高めると報告している（たとえばHenderson-King et al. 1997; Jetten et al. 1998）。

納得の熱い日韓戦、なるほど盛り上がる早慶戦、と言ったところか。

「理想の姿」であり「目標」

すでにここまでの議論でもわかる通り、ライバルに対する感情は複雑で、何種類ものそれが入り乱れる。それらを一つひとつ解きほぐすのは困難だ。

ただ、そのうちの1つに「見倣《みなら》う」という姿勢が含まれていることは明確だ。

負けたくないという感情とは裏腹に、冷静に食い入るようにライバルを見つめる。自分のできないことができる存在を。自分と数年しか変わらないキャリアなのに、特定の分野で圧倒的な存在感を放つ存在を。

あの人はなぜそんなことがわかるんだろう。

あの人はなぜそんなことができるんだろう。

この感情は、シーンを問わない。むろん仕事でも同じだ。僕のインタビュー調査でも、何人もの回答者がこのタイプのライバルについて言及した。

読者によっては、「これってライバルに入るの?」という疑問を持つかもしれない。

でも、間違いなく彼らは、このお手本のような存在をライバルと認識していた。

それは、小さいながらも確実に回答者たちの中に存在する対抗心だ。

圧倒的存在。雲の上の存在。

その事実を認めつつ、それでもなお、「いつか追いつきたい」「いずれ肩を並べるようになりたい」と、冷静とは程遠いもうひとりの自分が、静かに自分に語りかける。

本来、入社3年目の「社内マップ」の中には、他にもたくさんの「お手本」がいるはずだ。

にもかかわらず、そのライバルの仕事を目にした瞬間、集中力が何倍にも跳ね上がる。一字一句、一挙手一投足を精察するように見入る。

この状態を、40ページで示した「好敵手型」とは別に、本書では「目標型ライバル」と呼ぶことにしよう。

ライバル観の4つのタイプ

なおライバルを複数のタイプに分類する試みは、僕のオリジナルではない。

いくつかの先行研究では、ライバルをその特徴に応じて分類する試みがなされていて、大変参考になる。

ここでは中部大学・太田伸幸教授の一連のライバル研究のうち、論文「学習におけるライバルを認知する理由の検討」（２００１）、「ライバル認知の生起過程に関する研究：半構造化面接を用いた事例的検討」（２０１２）と、著書『ライバル関係の心理学』（ナカニシヤ出版、２００７）を引用させていただこう。

太田の研究の中で、とくに秀逸と思える結果の1つが、ライバルを「好敵手」「目標」「基準」に分類している点である。簡単に解説すると、「好敵手」とは同程度の能力の相手に対して抱く感情で、ライバルとして双方向的な認知が生まれやすい。

「目標」は能力が上の相手をライバルとして認知し、自分の行動の目標とする。どちらかというと、一方的にライバル認知している場合が当てはまる。

そして「基準」は、能力が同程度の相手をライバルとして認知し、自分の能力を測る基準とする場合である。

このように太田（２０１２）は、「同じライバルと表現される存在であっても、相手の能力や相手との関係性によって認知されるライバル像は異なる」と述べている。

そこで僕が行った研究でも、この太田の研究に敬意を表しつつ、本研究の結果から新たに1つを加えた4つのライバル・タイプを提示する。

それをまとめたのが、次ページの図表4-1だ。


図表のうち、「好敵手型ライバル」はすでに第1章で登場した。

「目標型ライバル」はまさに今、議論しているところであり、本章の主役となる。

図表中の「ライバルとしての認識」や「自分との力関係」は、先行研究や本研究の結果から抽出した分類基準だ。

「目標」

最高の生きる学習教材であり、お手本、師匠。少しでも近づきたい

自分との力関係
「ライバルがかなり上」

イメージ
より一層努力している（64%）
相手に勝つことを目標にしている（51%）

ライバルとの付き合い方
業務に関する相談をする（72%）

「???」

ライバル界最強のラスボス。意欲、エネルギー、展望、すべてをむしばむ

自分との力関係
不明

イメージ
不明

ライバルとの付き合い方
不明

→ 自分より能力が上
遠い存在
自分だけがライバルとして認識

「イメージ」や「ライバルとの付き合い方」、およびカッコ内のパーセンテージは本研究の質問票調査の結果に依拠しており、他の3つのタイプに比べてとくに高い数値を計上した項目を、そのタイプの特徴として掲載している。

たとえば「好敵手」における「お互いの存在を認めている（71％）」という項目は、他の3つのタイプと比べて突出して高い状態であることを表す。

「リアリティショック」という重要課題

社会人3年目の若手にとって、「目標型ライバル」の存在は何より貴重だ。

そのことを理解してもらうために、まずは

郵便はがき

料金受取人払郵便

渋谷局承認

2087

差出有効期間
2025年12月
31日まで
※切手を貼らずに
お出しください

150-8790

130

〈受取人〉
東京都渋谷区
神宮前 6-12-17
株式会社ダイヤモンド社
「愛読者クラブ」行

本書をご購入くださり、誠にありがとうございます。
今後の企画の参考とさせていただきますので、表裏面の項目について選択・ご記入いただければ幸いです。

ご感想等はウェブでも受付中です（抽選で書籍プレゼントあり）▶

年齢	（　　　）歳	性別	男性 ／ 女性 ／ その他
お住まいの地域	（　　　）都道府県　（　　　）市区町村		
職業	会社員　経営者　公務員　教員・研究者　学生　主婦 自営業　無職　その他（　　　）		
業種	製造　インフラ関連　金融・保険　不動産・ゼネコン　商社・卸売 小売・外食・サービス　運輸　情報通信　マスコミ　教育 医療・福祉　公務　その他（　　　）		

DIAMOND 愛読者クラブ　メルマガ無料登録はこちら▶

書籍をもっと楽しむための情報をいち早くお届けします。ぜひご登録ください！

- 「読みたい本」と出合える厳選記事のご紹介
- 「学びを体験するイベント」のご案内・割引情報
- 会員限定「特典・プレゼント」のお知らせ

①本書をお買い上げいただいた理由は？
（新聞や雑誌で知って・タイトルにひかれて・著者や内容に興味がある　など）

②本書についての感想、ご意見などをお聞かせください
（よかったところ、悪かったところ・タイトル・著者・カバーデザイン・価格　など）

③本書のなかで一番よかったところ、心に残ったひと言など

④最近読んで、よかった本・雑誌・記事・HPなどを教えてください

⑤「こんな本があったら絶対に買う」というものがありましたら（解決したい悩みや、解消したい問題など）

⑥あなたのご意見・ご感想を、広告などの書籍のPRに使用してもよろしいですか？

1　可　　　2　不可

※ご協力ありがとうございました。

【ライバルはいるか?】121191●3110

図表4-1：ライバルの4つのタイプ

「好敵手」	「基準」
集団の中でたったひとり、負けたくない相手、永遠の両片想い	まずはあそこまで頑張ろう 自分だってきっとできる
自分との力関係 「自分と同等かライバルがやや上」 **イメージ** お互いの存在を認めている（71%） お互いが高め合っている（69%） **ライバルとの付き合い方** 将来の夢や目標について語り合う（71%）	**自分との力関係** 「ライバルがやや上」 **イメージ** もともとの境遇が似ている（27%） 常に相手と比較している（33%） **ライバルとの付き合い方** 頻繁に情報交換する（66%）

←

自分と能力が近い
身近な存在
お互いがライバルとして認識

出典：筆者作成

株式会社リクルートマネジメントソリューションズが公表したデータ「新入社員の入社後コンディション推移調査」をご覧いただこう。

この調査は、２０１５年から２０２１年にかけて取得した約２万３０００人のデータを使って、新入社員の入社後のコンディションの推移について分析したものだ。

ここでいうコンディションとは、「モチベーション」や「負担感」に関するアンケート結果をもとに判定されている。

この調査では、社員のコンディションを調子の良好な順に「イキイキ」「イキイキ（要注意）」「モヤモヤ」「ギリギリ」「ヘトヘト」の５段階で表現している。

この５段階の総合判定による各コンディシ

図表4-2：入社後1年間の月別コンディション推移

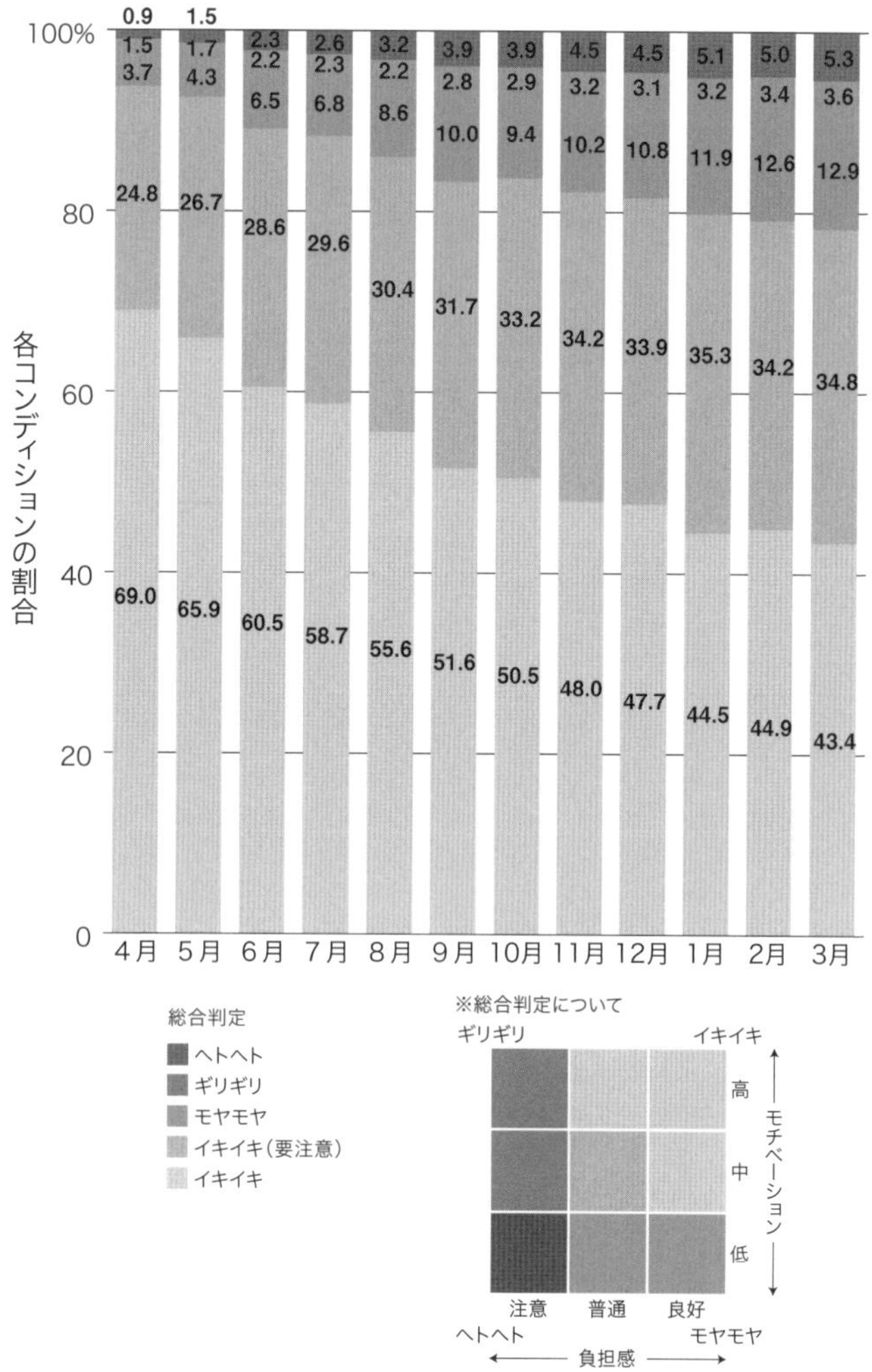

出典：株式会社リクルートマネジメントソリューションズ「新入社員の入社後コンディション推移調査」（2021）より

ョンが占める割合を示した結果が、図表4-2だ。結果を見てみると、コンディションが良好な「イキイキ」社員の割合が入社後、徐々に減少していっていることがわかる。

同調査レポートの中でも述べられているが、一般的に入社後数ヶ月のケアが最も大事だと言われていることは、多くの読者もご存じだろう。

この間に退職や転職を決意する新卒が多いためだ。

人材育成の世界では、「リアリティショック」という概念で理解されている現象だ。

なぜ若手にとって「目標型ライバル」は重要なのか？

次に、本研究の「ライバルを見つけた時期」はいつだったたか、というデータを見てもらおう。それが、次ページの図表4-3だ。

ご覧の通り、ライバルを見つけた時期としては入社直後が最も多く、全体の62％が最初の1年目でライバルを「発掘」している。

その後緩やかに減少し、2年目と答えたのは全体の17％だ。

それがどうした、という話になりそうだが、そんな声をあげる前にぜひその次のデータも

図表4-3：ライバルを見つけた時期
（「ライバルがいる」あるいは「かつていた」のうち）（N=454）

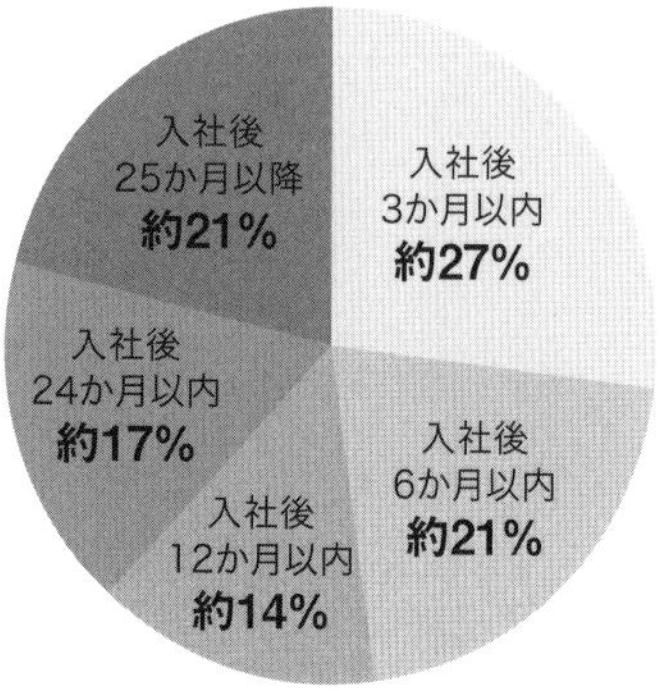

出典：筆者の研究結果より

見てほしい。

ライバルは仕事に対するモチベーションを向上させる

本研究では、質問票調査の中で次の設問を設けている。

「仕事に対するあなたのモチベーションは、10段階中何点ですか？」

この結果を、ライバルの有無でクロスしたのが次ページの図表4-4だ。

考え方はシンプルで、ライバルがいるか、いないかで、仕事に対するモチベーションは変わるか、という命題の検証を狙いとしてい

図表4-4：ライバルの有無と仕事に対するモチベーションの関係（N=1,151）

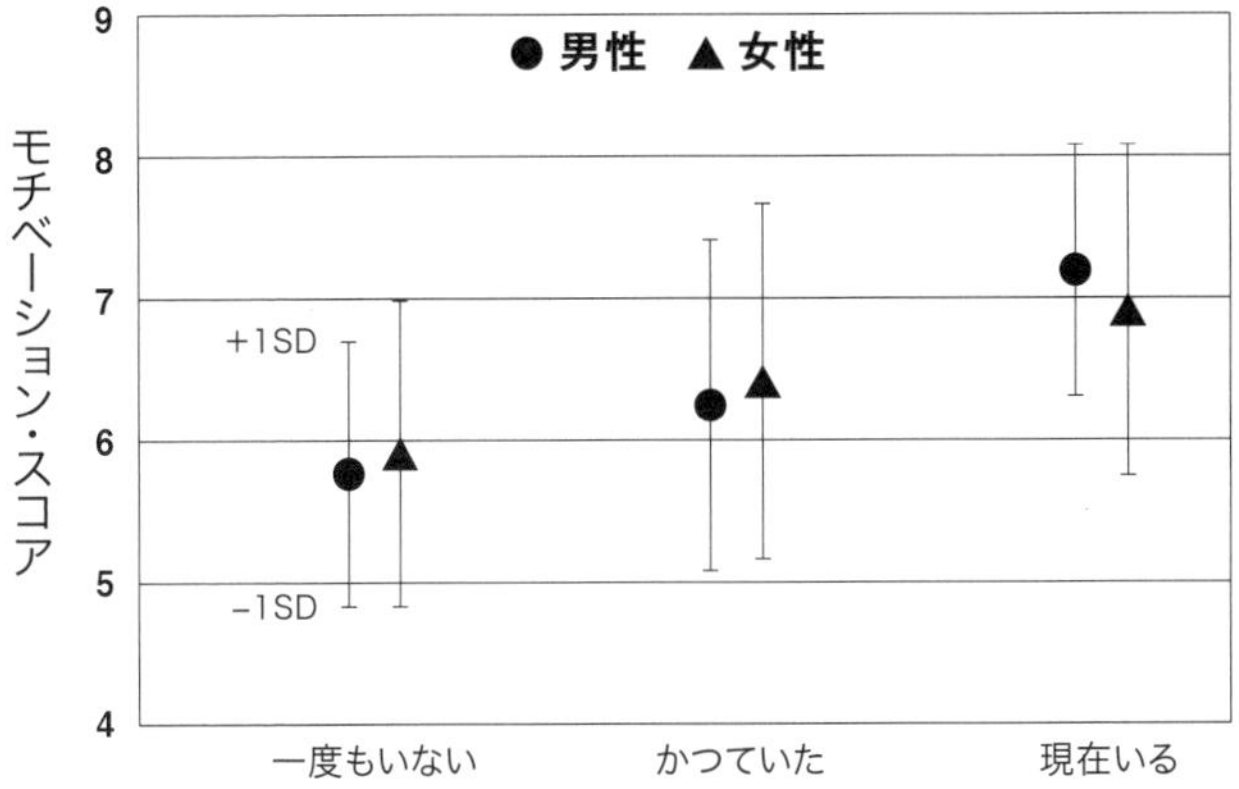

出典：筆者の研究結果より

る。

本研究では、せっかく男女に分けたデータも取得しているので、図表でもそれがわかるように掲載した。

結果は一目瞭然で、「ライバルがいた」や「ライバルが現在いる」という人ほど、仕事に対するモチベーションは高くなっている。

男性においては、ライバルが「一度もいない」という人に比べて、「現在いる」の人は、26％もモチベーションが高いことがわかる。

これらの図表で何が言いたいか。要約すれば、次の通りだ。

108ページの図表4-2の通り、新卒社員は入社後間もなく、働く上でのコンディションを悪化させる傾向にある。

他方、図表4-3の通り、新卒社員は入社後間もなく（間もないほど）、ライバルを見つける可能性も高い。

そして図表4-4の通り、そのライバルは仕事に対するモチベーションを上げてくれる可能性がある。実際に、本研究のインタビューでも次のような回答が得られた。

「新入社員研修のときから、同期の中に何となく気になる人がいたのですが、研修後、別々の部署に配属されて、むしろより気になるようになったんですよね。今はどんな仕事をしているんだろうとか、もう成果は出したんだろうな、とか。負けてはいられないので、自分も今のうちにがんばろうと思います」（20代後半・女性）

「企画系の仕事がしたいと思って希望を出していたのに、入社後半年で配属されたのが地方にある配送センターだったんです。本社に残った同期はみんな楽しそうにしてるし、配送センターには同性（女性）がほとんどいないこともあって、一気にモチベが下がりました。

そんなとき、配属先に唯一の身近な同性と言っていい2つ上の先輩がいて、その方がすごかったんです。男性のドライバーさん達にも信頼されてるのがよくわかって。それ

図表4-5：ライバルの有無と仕事満足度の関係（N=1,151）

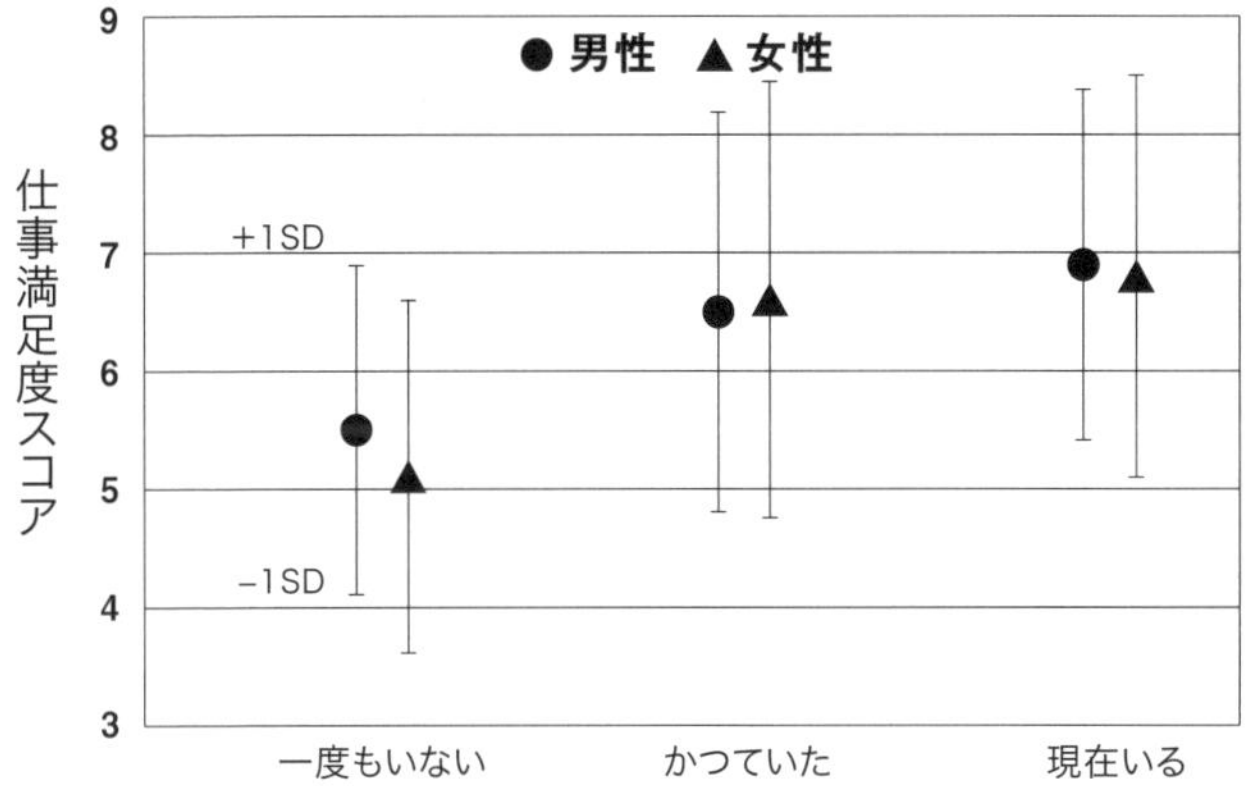

出典：筆者の研究結果より

でちょっと見方が変わったというか。せっかく配送センターにいるので、今のうちに物流のことをできるだけ吸収しておこうと思ってます」（20代前半・女性）

ライバルは仕事の満足度も向上させる

この流れで、ライバルと仕事の関係について、もう一撃投下させてもらおう。

先のモチベーションと同様、本研究では「あなたは現在の仕事に満足していますか？」という設問も入れてある。

その結果が、上記の図表4-5だ。

再び、結果は一目瞭然だ。男性で25％、女性で33％、ライバルの有無によって仕事の満足度に差があることがわかった。

ライバルの存在は、仕事の満足度を高める可能性を秘めているのだ。

むろん、現段階では因果関係が逆向きの可能性は否定できない。

つまり、「ライバルを見つけるとモチベーションが上がりやすい」わけではなく、「モチベーションが高い人ほどライバルを見つけやすい」「仕事に満足している人ほどライバルを見つけやすい」という因果の方向性だ。

クロスセクション・データ（単発のアンケートでとったデータをこう呼ぶ）の持つ特性上、統計的に因果関係の向きを完全に検証することはほぼ不可能だ。

だから僕ら研究者は、多面的な分析を積み重ねていく。

統計に表れた「ライバルの有用性」

ということで、少しだけ分析の難易度を上げて、「重回帰分析」も行った。次ページの図表4-6がその結果だ。

図表4-6：仕事に対するモチベーションおよび仕事満足度に対するライバルの影響（N=1,151）

	モチベーション	仕事満足度
「現在いる」ダミー	1.571 ***	1.199 ***
	(<.0001)	(<.0001)
「かつていた」ダミー	1.135 *	1.484 **
	(0.025)	(0.008)
年代	-0.188	0.242
	(0.055)	(0.202)
性別	0.095	0.068
	(0.305)	(0.599)
学歴	1.085 *	1.277 **
	(0.020)	(0.003)
（定数）	5.823 ***	5.348 ***
	(<.0001)	(<.0001)
R^2	0.242	0.187
調整済みR^2	0.208	0.156
観測数	1151	

***p <.001, **p <.01, *p <.05

上段：非標準化係数、下段：有意確率（P値）

出典：筆者の研究結果より

「重回帰分析とは？」と思った人のために詳しい解説をしたいところだが、そうすることで読者の皆さんがスリープモードに入ってしまうと寂しいので、ここでは結果の見方だけをごく簡単に。

まずはモチベーション列の『現在いる』ダミー」と『かつていた』ダミー」を見てほしい。

その「有意確率（P値）」を見てみると、0・0001以下と0・025となっている。この数値は、小さければ小さいほど、その上にある「係数」の確からしさが高まる、という関係にある。たまに間違ってしまう人がいるが、あくまでP値は「小さい方が確からしさ強め」と覚えておいてもらえれば。

さて、その「係数」に着目すると、『現在いる』ダミー」1・571、『かつていた』ダミー」1・135となっている。これは、「ライバルがいない」人に比べて、「現在ライバルがいる」人は10段階中約1・6ポイント、「かつてライバルがいた」人は約1・1ポイント、モチベーションが高い、という結果を示している。

同様に、「ライバルがいない」人に比べて、「現在ライバルがいる」人は10段階中1・2ポイント、「かつてライバルがいた」人は約1・5ポイント、仕事満足度が高い。

先に見た通り、P値はいずれも小さく、つまりは極めて高い統計的確からしさで、ライバルを持つことは、あなたのモチベーションや仕事満足度を向上させる可能性がある、ということだ。

と、簡潔に説明したが、それでもわからない人が多いかもしれない。

要するに、こういうことだ。

「ライバルの存在は仕事に対するモチベーションを向上させる」
「ライバルの存在は仕事満足度を向上させる」

これらの可能性が計量的に示されたことは大きい。

仮にこれまでライバルを持つことはなかった多くの人が、ライバルを持つことで仕事に対する意欲を高められるとしたら、それは組織や会社に対しとても大きな変化をもたらすだろう。

そしてライバルは（その言葉の響きが持つほど）怖い存在ではない。むしろ身近で、親しみやすい存在だということも徐々に明らかになってきた。

しかもライバルの存在は、ただ気持ちを高めたり、満足度を向上させたりするだけにとどまらない。

仕事や人生において、より前へ、上へ、先へと進ませる力も持つ。

次章では、ライバルが「成長」にもたらす影響を見てみよう。

第5章

ライバルこそがあなたを成長させる

——競争の果てに得る4つの成長実感

スーパー技術者たちの戦い

皆さんはＮＨＫの「魔改造の夜」という番組を観たことがあるだろうか。

原則として月一回、木曜日の夜に放送されており、僕はとても好きなのでこっそり観ている（といっても人気番組なのだけど）。

仰々しい番組タイトルとは裏腹に、内容はとっても身近だ。

ＮＨＫのＨＰでは「超一流のエンジニアたちが極限のアイデアとテクニックを競う技術開発エンタメ番組」と紹介されている。

僕らが普段よく使っている家電や日用品を、企業や大学に所属する技術者たちが、持ち前の技術力とアイデアを駆使して徹底的に改造するというものだ。

毎回、一定のルールと制約が課される中で、３つのチームがタイムなどで勝敗を競う。

この番組の何が面白いかというと、改造した日用品を使って技術者同士がガチバトルするところだ。

たとえば、『洗濯物干し25ｍロープ走』（初回放送日：２０２３年8月31日）の回は秀逸だった。

「これまで人工衛星の開発などを手掛けてきました」みたいなスーパーエンジニアたちが、夜な夜な、怪しい倉庫で洗濯物干しを改造しまくるのだから笑える。

が、本当に笑えるのは最初だけ。

技術者たちの、そのガチな姿勢に引き込まれていく。

チームメンバーは２人や３人ではない。どのチームも優に10人を超えている。

結果、洗濯物干しは25ｍの距離を、わずか数秒でかっ飛ぶことになる。すご過ぎる。もう意味がわからない。

番組前半で「この人たち（頭のネジ）大丈夫⁉」と笑っていた自分が恥ずかしい。

激しい競争の果てに辿り着く場所がある

彼らは企業名を背負って出場している（といっても一応ＮＨＫなので、匿名化されている。でも誰にでもわかる表現になっていて、それがまた笑える）。

彼らは所属企業のプライドや、取引先からの信頼を背負い、顔と実名を晒《さら》して勝負に挑んでいるのだ。

だがあらためて言うが、これは3チームがタイムという絶対的な基準で競う競争だ。

つまり必然的に2チームが負けることになる。

場合によっては、技術的なトラブルに見舞われて完走すらできないチームもある。

何という残酷さ。

さぞ負けたチームは後悔と羞恥心に苛《さいな》まれることだろう。

と、思う読者もいるかもしれないが、少なくとも番組を観ている側には、そんな負の感情は1ミリも湧かない。

最後、負けたチームは悔しくて泣く。勝ったチームも感極まって泣く。解説役の伊集院光さんも泣く。とにかくみんな泣く（僕も泣く）。

そこには明らかに「勝ち負け」を超えた「何か」が存在している。

番組の主旨は競争で、各チームは「絶対に勝つ」ことに集中していたにもかかわらず、だ。

なぜ勝者も敗者も、同じ感情を抱くのか

もちろん敗者には悔しさが残る。

応援してくれたすべての人に対する申し訳なさは計り知れない。

だから番組終盤のインタビューで、敗者はこんなコメントを残す。


「とても悔しい。皆に支えられた戦いでした。彼らがいなければここまでやれなかった」

「負けてしまいましたが、とても多くのことを学びました。この経験を糧に、これからさらにいいモノを作っていこうと思う」


他方、勝者はインタビューに対し、こんなコメントを残す。


「うまくいかないことも多かった。支えてくれた仲間やライバルに感謝したい」

「ここで学んだことは多い。これからのモノづくりに活かしたい。これからも恥ずかしくない仕事をしていきたい」

これらのコメントは、いずれも僕の記憶に残っている限りのものだ。だから、きっと金間フィルターによるバイアスがかかっている。

それでもなお、両者とも同じことを言っているような気がしてならない。

一体何が起こっているのだろうか？


本章は、「学び」と「成長」を主題に置く。

「勝ち負け」を超えた「何か」の全貌を明らかにすることはとても難しい。

でも、そのうちの１つに「学び」や「成長」があることは間違いない。

成長は「する」ものであり「感じる」もの

本論に入る前に、普段から１つ、成長を巡り残念に思っていることがある。

それは、日本人は成長の「実感」をおろそかにし過ぎる、ということ。

あまりそこに目を向けない。意識しない。語らない。

たとえばＴＯＥＩＣの点数が上がったら、誰の目から見ても「成長した」と言えるだろう。

だからこの点における成長実感は容易だ。
でも英語力の伸びはそれだけではない。仮にＴＯＥＩＣの点数が前回と同じだったとしても、本人にしか実感できない成長はたくさんあるはずだ。

幸せは、「なる」ものではなく「感じる」もの。
という言葉が僕は好きだ。しっくりくる。
「成長」も同じ領域に持っていきたい。
僕らはもっと明示的に、そんな「小さな成長」を感じ取れるようになるべきだ。
きっと「小さな幸せ」と同じくらい、「小さな成長」も掴み取れる。

ライバルの有無と成長実感の関係

その方法の１つにライバルがある。
と言ったら、さすがに唐突だろうか。
でも、それを物語るデータがここにある。

図表5-1：ライバルの有無と成長実感の関係（N=1,151）

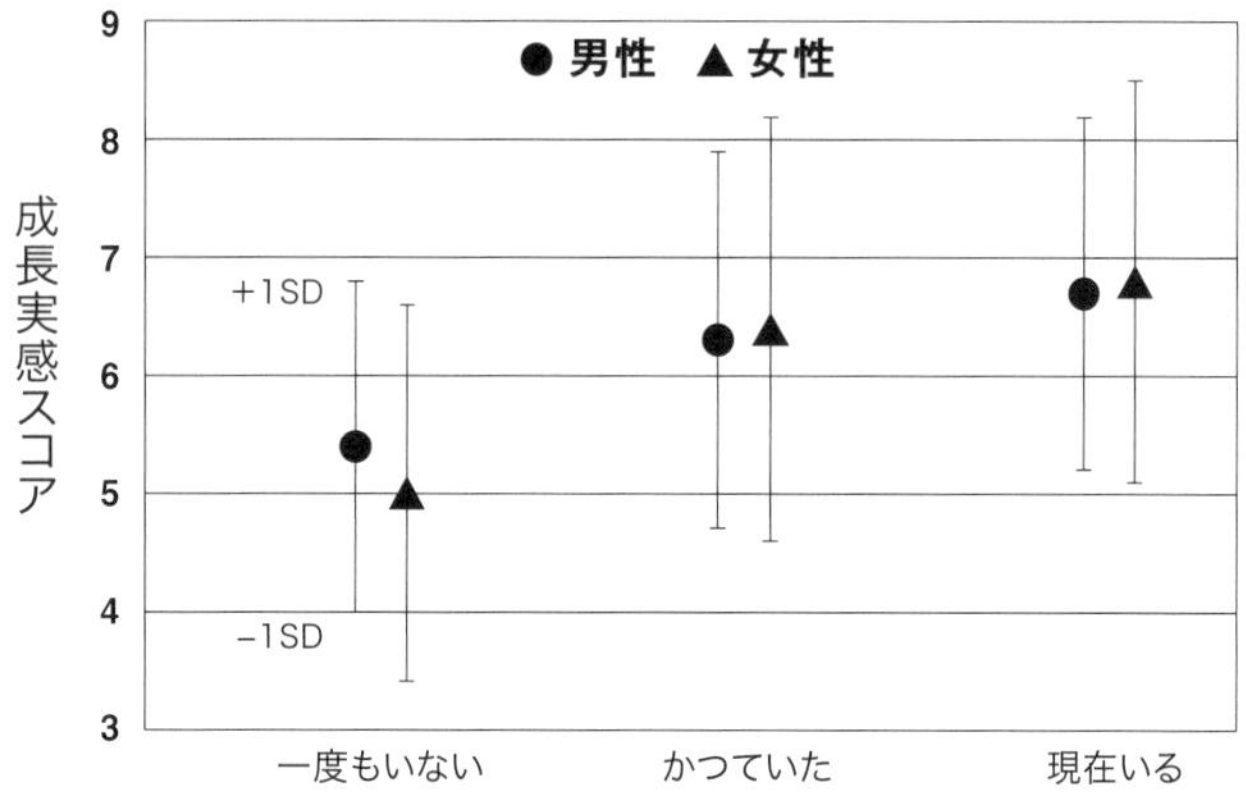

出典：筆者の研究結果より

本研究における質問票調査では、回答者の成長実感をストレートに問うている。

上記の図表5-1は、「この1、2年であなたはどのくらい成長していると思うか」という問いに対する回答結果だ。

回答は「とても成長している」を10、「全く成長していない」を1としたリッカートスケール。

サンプルの区分は、例によって、ライバルが「現在いる」「かつていた」「一度もいない」の3通りだ。

結果はインパクトのあるものとなった。

平均値を含め、全体の分布において、「現在いる」が最も高くなっている。

男性で24%、女性で36%も、ライバルの有無によって成長実感に差が出ている。

また、図には示していないが最頻値を見てみると、「現在いる」と「かつていた」が７、「一度もいない」が６となっている。

さらに、「一度もいない」の回答者の10％程度が１（全く成長していない）を選択していることも特徴的だ。

ただ、これだとまだ「成長」の概念が漠然としていて、解釈が深まらない。

そこで本研究の質問票調査では、成長を４つの要素に分けて、同じように質問している。その結果を次ページの図表５-２に掲載した。

今度は６を「とても成長している」としたスケールを用いている。

この場合においても、各要素で「現在いる」「かつていた」が「一度もいない」を上回った。

まとめると、ライバルが「現在いる」人は、全体においても、具体的な要素においても、最も成長を実感しているということだ。

図表5-2：ライバルの有無と成長実感の関係（要素別比較）（N=1,151）

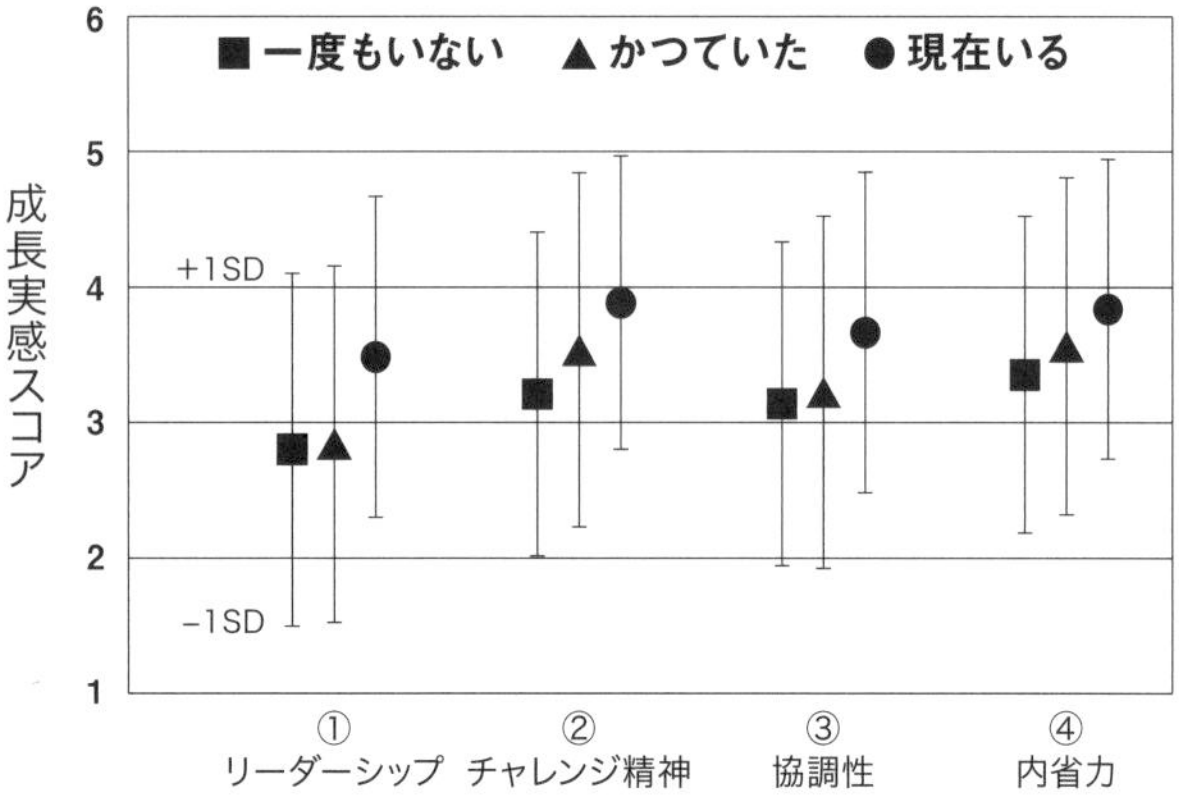

出典：筆者の研究結果より

今回取り上げた4つの要素は、いずれも今の日本にとって不可欠な（というか、喉から手が出るほどほしい）要素ばかりだ。

結果は図表5-2をご覧の通りなわけだが、ここで人材育成の研究に携わる身として、少しだけ解説を加えていく。

ライバルがもたらす成長実感：①リーダーシップと②チャレンジ精神

紛れもなく、今の日本で求められる資質や能力として上位に君臨するのが、リーダーシップであり、チャレンジ精神だ。

言うまでもなく、リーダーシップとチャレンジ精神は全く別の概念だ。

ただ、多くの企業において、若手社員に求める資質の筆頭にそれらが挙げられる。リーダーシップに至っては、企業が求めていることはもちろんのこと、あらゆるシーンで「日本人に最も必要なもの」と言われるくらいだ。

なぜライバルがいると、これらの成長を実感できるのか？

本研究の回答者たちが語った理由はこうだ。

「やっぱり僕のライバルは優秀なので、すでにチームリーダーをやったりしてるんですよね。そういう経験で差をつけられたくないし、自分もやらないわけにはいかないじゃないですか」（20代後半・男性）

「そこまで自分に自信があるわけじゃないですが、というか全然ないのですが、どこかでリスクを取って挑戦しないと、（ライバルたちに）先へ行かれてしまうので」（20代前半・女性）

「自分が提案した企画がプロジェクト化されるのなら、やっぱり自分でやりたいじゃな

いですか。もし私がやらなくて（ライバルに）取られちゃったら嫌ですし」（30代前半・女性）

多くの人にとって、リーダー役をやるのは怖いもの。

今の若者に至っては、「リーダーは最もやりたくない役職」という時代だ。

チャレンジもリーダーシップも大事なのはわかっているけど、失敗することを考えると躊躇してしまう。

そういう気持ちは、誰にでもある。

そんな臆病な気持ちを後押しする、ある意味、劇薬のような効果を持つのがライバルの存在だ。

怖い。でも、つべこべ言っている場合じゃない。

今やらないと、きっと置いていかれる。選択の余地なし。

始めさえすれば、きっとなんとかなる。

ライバルは、そんな風に思わせてくれる。

その結果として、強い成長実感をもたらしてくれる。

ライバルがもたらす成長実感：③協調性

ライバルとは、勝敗を競い争うだけの間柄ではない。

多くのものごとを共有し、ときに励まし合い、ときに助け合う存在である。それが本書の主張だ。

成長実感の中でも、当然、その点は浮上する。


「ライバルと思っていた人から協力の申し出を受けたとき、この人は優秀なだけじゃなく協調性も持っているんだと思って。それ以来、自分もそこを意識するようになった」（30代後半・女性）

「やりたいこと、やるべきことを前に進めていくには、絶対に多くの人の協力が必要じゃないですか。ライバルと競うようになって、自分はその点が一番伸びたと思ってます」（20代後半・男性）

ライバルから協調性を学んだり、ライバルに勝つために自ら協調性を鍛えたり。

その根拠やプロセスは様々ながら、結果的に高い成長実感につながるのなら喜ばしい限りだ。

ライバルがもたらす成長実感：④内省力

ここでいう内省力とは「自ら振り返る力」と考えてもらえればいいだろう。

義務教育の間は、主に振り返りは先生が主導してくれる。

高校生になると、振り返りは徐々に生徒自身の取り組みの中に委ねられていく。

そして大学に入ると、もう誰かが振り返りを手伝ってくれることはない。

社会に出てからも、最初の数ヶ月、数年は、指導役が振り返りを促してくれるかもしれないが、ある程度経験を積んで独り立ちすると、そういった働きかけもなくなる。

つまり大人になるにつれ、振り返りという行為は本人の意思の管理下に移行する。

しかし多くの人は、成長のために必要な行為とわかってはいるものの、ついついやらずに流してしまう。

だからこそ、「自ら振り返る力」、すなわち内省力の重要度は増す。

いまや「内省こそ成長の源泉」と信じる人も少なくない。

「これまで振り返りなんてほとんどやらなかったんですが、一度経験してうまくできなかったことは、必ず次はやり遂げたいと思うようになって」（20代後半・女性）

「あるとき、勝手に心の中で目標にしていた先輩から、『ちょっと反省会を手伝ってほしい』って言われたんです。びっくりしたんですけど、次の日からは、こりゃ絶対自分もやらなきゃ、って思って」（20代前半・男性）

個人的には、2つ目の20代前半男性のエピソードがとても気に入っている。目標型ライバルと目する人からこうお願いされて、断る理由はない。何より振り返りは、後輩の自分に頭を下げてでもやるべき重要なことなんだと、思うことができた様子。

そして、そんな先輩の姿を見て、自らも実践してみようと思う。ライバルの挙動は、おのずとこうした感情を湧き立たせてくれる。

読者の皆さんも、ぜひ自分の振り返りのお手伝いを後輩にお願いしてみてはいかがだろうか？

内省力の向上のみならず、信頼関係の構築にも一役買ってくれるかもしれない。

あの人がいなかったらここまで来れなかった

「うまくいかないことも多かった。仲間やライバルに感謝したい」

「ここで学んだことは多い。これからに活かしたい」

「皆に支えられた戦いだった。彼らがいなければここまで来れなかった」

本章の冒頭で記した、ライバルとの戦いを終えた後の技術者たちの言葉だ。

本章のテーマは、なぜライバルの存在が人を成長させるか、だった。

本研究の結果から、その効果は多様な能力やスキルに及ぶことがわかった。ときにライバルに追い立てられ、ときにライバルの姿勢に学びながら、成長につながる多くの経験を積んでいく。

そのことが、明確な成長実感となって記憶される。

大事なことだと思うので、繰り返したい。
とかく日本人は成長の実感をおろそかにし過ぎる。
なぜか、あまりそこに目を向けない。
僕らはもっと意識的に、日々の成長を実感できるようにするべきだ。

とはいえ、何のものさしもなく自らの成長を感じることは簡単ではない。
その点、ライバルは良い比較対象になる。

ライバルよりも、うまくできた。
ライバルにできて自分にできなかったことが、できるようになった。
あの人のおかげで、ここまで来れた。
あの人のおかげで、今日は昨日とは違う景色が見られた。

そんな風に、ライバルは僕たちの成長実感を支えてくれる。

第6章

恋のライバルと戦う

——敗北は人生に何をもたらすのか

人が恋に落ちる瞬間

突然で恐縮だが、皆さんは誰かが恋に落ちる瞬間を見たことはあるだろうか？

僕はある。

まさにひとりの青年が「落ちる」瞬間を目撃した。

その瞬間、周囲が急に暗くなり、雷光のフラッシュとともに雷鳴がドドーン！

……とはならず、むしろ無音で、周囲の雑音を飲み込むように落ちていった。

いや、あれはどちらかというと「落ちる」というより、「浮く」に近い。まるでそこだけ重力がなくなったかのように。

そんな風に恋に落ちた彼の名前は、上野くん（仮名）。

上野くんは同級生に恋をした。しかも僕の目の前で。

よって僕はその相手を知っている。目の前で見たので知っている、ということではなく、ある程度の人柄も含めて知っている。

なぜ僕がその女子学生（仮にMさんとしよう）のことを知っているかというと、Mさんは上野くんとともに僕の講義を受けていたから。

通常、大学の講義では、席は後ろから埋まっていく。次いで人気なのは両サイドだ。この辺りは講義が始まるだいぶ前から埋まっていて、顔ぶれも大体同じになる。

そんな中、Ｍさんは講義室の真ん中、やや前方に座っている。友だちと一緒ではなく、ひとりで。

教壇に立つ僕の目線でいえば、右手前方あたり。教壇と「桂馬の位置」といったら将棋をご存じの人はわかりやすいだろうか。

一方、上野くんの定位置は、前後でいうとちょうど真ん中あたり。当時使っていた教室には、両サイドの中央に梁《はり》のような出っ張り（試験監督をするとき見回りの邪魔になるやつ）があって、上野くんはそのすぐ横にいた。

僕の目線でいえば、左手奥。僕が真っすぐ教壇に立つと、ちょうど視界から切れる位置だ。学生たちはそういうことをよく知っている（でも教授側も、学生がよく知っていることをよく知っている）。

ある日、異性から話しかけられて

上野くんは当時、僕と同じ学部の所属だったので、僕らは以前から知り合いだ。講義はその学部内で開講されていたため、教室内のほとんどは同じ学部の同級生（と、一部の再履修生。つまり去年単位を取れなかった学生たち）だ。

一方、Mさんは他学部の所属だ。あえて「他学部履修」の登録をして、僕の講義を受けに来ていた。

よって上野くんとMさんは、もともと知り合いではない。

そのMさんが、僕の講義後に上野くんに話しかけるのを見た。

僕はその内容を聞き取れる距離にいなかった。

でも間違いなく、上野くんは僕の視界の中で「落ちた」。いや、「浮いた」。

明らかに上野くんの体温がおかしくなっている。このときの上野くんをサーモグラフィで見たら、絶対真っ赤だ。いや、紫かも。

事実、上野くんは話をしながら、セーターの袖を肘の上までまくっていた（上野よ、そんなことをしたら袖口が伸びるぞ）。

その後、数週間を経て、上野くんはMさんへの気持ちを僕に教えてくれた（もうバレバレだったけど）。

上野くんはナイスガイだ。明るくて、よくしゃべる。講義後もよく質問に来る。3年生になったら金間ゼミに入りたいとのことだ（このときは2年生の春）。

あの日、Mさんから相談を受けた流れで、ふたりはそのまま学食へ行ったそうだ。相談の内容は、Mさんが転学部を考えているとのこと。そして転学部先の候補として、僕や上野くんが所属する学部を考えているとのことだ。

意味がわからない人のために簡単に説明すると、本来、大学受験は学部や学科ごとに行われる。X大学Y学部を受験する、といった具合だ。したがって、入学後に別の学部学科へ移ることは認められない（受験科目が違うのだから）。

ただ、入った後に「やっぱり自分が勉強したいのはこっちだ！」と気付く学生もいる。そんな学生のために、転学部・転学科制度を設置している大学は多い。具体的には、筆記試験や面接を課して、合格したら認めるという感じだ。

実際、僕の講義を受けて、「やっぱりこっちの方が面白い！」といって転学部を希望する学生が多く、僕はちょっと困っている（誰か、このうぬぼれ屋さんを何とかしてください）。

エスカレーターの一段に無限の宇宙を感じる

あるとき、上野くんがMさんのことで相談に来た。むろん、Mさんの転学部の件ではない（そのことはあっという間に決着がついたらしい）。

上野くんはMさんとの「学食対話」のあと、（知恵と勇気を振り絞って）何度かMさんと食事に行ったらしい。

それを踏まえた彼の相談を整理するとこんな感じだ。

「たとえばふたりで街を歩いていると、エスカレーターに乗る場面ってあるじゃないですか。そういうときは必ず乗る直前にMさんが少し引き、僕が前に出る形になるんです。別に急いでないので、エスカレーターの左側に立って乗るかたちで。で、話しかけようと思って後ろを振り返ると、Mさんは一段あけて立ってるんです。先生、これってどう思いますか？」

は？　何言ってんだ、上野よ。

と思ったが、続きを聞いてみる。

「だって、エスカレーターですれ違う彼氏彼女とかって、大抵すぐ次の段に立ってるんですよ。でもMさんは必ず一段あけてて……。もう最近エスカレーターが怖くて」

なるほど、たかが一段、されど一段。この一段から宇宙空間レベルの心の距離を感じ取っているわけか。上野くん、若いのによく見ている。

その一段がふたりの関係のすべてを物語るという仮説、案外正しいかもしれない。

男性は好きな女性に告白したい。告白してお付き合いしたい。

でもお付き合いできないなら告白しない。一度告白して失敗したら、すべてが終わる。

だから最低でも成功確率80％はほしい。できれば90％以上。それでも今の若者にとってはリスクは高い。

「100％合格」以外はハイリスク。それがZ世代の特徴だ。

上野くんは男性だ。そしてZ世代でもある。よって、上野くんもこの法則に従う。

上野くんはMさんに告白したい。告白してお付き合いしたい。

そこに「エスカレーターの一段」が立ちはだかる。

その「一段」が、成功確率80％以下であることを宣告し、彼を躊躇させる。

恋のライバル、現る

ここからが本題だ。

その夏、上野くんに強力なライバルが現れた。

いや、もしかしたら、もともと存在していたのかもしれない。ただ、その存在が判明したのが、大学の前期が終了する間際である7月下旬だった。

同じく僕の講義を受けている上野くんの同級生が、たまたま街中でMさんを見かけた。そのこと自体に違和感はないが、問題はその状況にあった。

Mさんは男性と一緒だった。しかも、その男性はスーツを着ていた。

その情報を聞いただけで、上野くんは「俺、今日昼メシいらない」と言い出す始末。

にもかかわらず、その心優しい同級生はさらにもう1つ、衝撃の目撃情報を付け加えた。

「Mさん、たぶんスカート穿《は》いてた」

Mさんは女性だ。よってスカートを穿いていても何の問題もない。

だが僕たちは、このことを別の事実と組み合わせて検証しなければならなかった。

以前、上野くんはMさんと食事をした次の日、僕にこう言っていた。

「先生、Mさん、昨日もジーンズだったんですよ」

昨日も。ということはつまり、Mさんは上野くんとのデート（Mさんはそう思ってないかもしれないが）で、連続してジーンズを穿いてきたということだ。

上野よ、エスカレーターの次はジーンズに無限の宇宙を感じるか。

「偶然だろ、バカじゃねーの」と笑い飛ばしてやりたいところだが、その感性、絶妙に正しい気がしてならない。

僕たちは講義後、さっそく教室内で戦略会議を開いた（金間は本当にちゃんと講義をやっているのだろうか）。

議案は当然、そのスーツ男だ。

当の上野くんは、もはや昼メシどころか水さえ飲めないほど狼狽している。あと一撃で幽体離脱しそうだ。恋に「浮いた」あの日は、もはや遠い昔。

僕たちはそんなさまよえる魂を現世に留めるべく、合理的な解釈を試みる。

「Mさん、インカレのサークルに入ってるかもしれないから、そっちの先輩とか？」

「きっと田舎から出てきたお兄ちゃんだよ」

「確かMさんには男装が趣味の女友だちがいるって聞いたことあるよ」

そんな遠回りな気づかいを「合理的風」に積み重ねる僕たちの中で、正直さがウリの朴《ぼく》とつ男子が無残な一撃を放つ。

「そんなわけないじゃん。彼氏に決まってるって。スカートだよ、ひらひらスカート」

直後、上野くんは幽体離脱に成功した。

ライバルの出現と恋の終わり

白状しよう。

正直なところ、当時の僕の目から見て、上野くんに勝算はあまりなかった。

僕は自分の講義を介して、Mさんのことも見ている。何度か簡単な会話もした。だからわかる。きっとMさんは、この先も上野くんのことを好きにはならない。

僕のそんな考えは、やんわりとオブラートに包みつつ上野くんに伝えていたし、上野くん自身も、エスカレーターとジーンズから十分予想できたと思う。

でも、その夏、上野くんはリスクを取った。

自分がレンタカーを借りるから、一緒に海に行こうとMさんを誘った。高校時代の同級生が海の家でアルバイトしているから、遊びに行こうと。

学校帰りにご飯を食べて帰るのと比べると、明らかに一歩踏み出した誘いだ。

しかしMさんは断った。

「この夏休みは色々とやることが多くて忙しいから」

事実、その数日後にMさんは僕の研究室に来て、夏のインターンシップについて助言を求めた。上野くんのことなど何もなかったように。

前期最後の講義の後、友だちのひとりが上野くんにこう言った。

「お前、それは一気に行き過ぎだろ。普通、まずは付き合ってる人がいるかどうか確認するでしょ」

上野くんはこう答えた。

「いや、それを訊くってことは、もう告白してるのと同じじゃん。だったら告白した方がいい」

上野よ、いいこと言う。ちょっと前まで幽体離脱してたくせに。

「恋のライバル」という残酷な存在

本章の主題は「恋のライバル」だ。

そこに登場する物語のほとんどは、恋が愛に変化する前に終焉を迎える。

その要因のひとつが、「恋のライバル」という、本当に残酷な存在だ。

恋愛においては、やはりライバルはいない方がいいのだろうか。

恋のライバルは、僕たちに何かをもたらしてくれるのだろうか。

本研究において、恋愛のシーンで「ライバルがいる（いた）」と回答した人は少数派だった。

でも、それはインタビューやアンケートの仕方にもよっている。たとえば質問票調査では、ライバルを持つ状況を１つに絞ってしまっている。したがって「仕事」や「スポーツ」と答えた人の中には、「恋」でもライバルがいた可能性は十分にある。

そこで（あくまでも）ライバル研究の一環として、恋のライバルがいる（いた）、という４人にインタビューを行った。今回の回答者は、すべて20代の男性だ。

主に訊いた問いは次の通り。

「いつ、どのような状況で恋のライバルが現れましたか」
「その状況の中で、あなたはどうしましたか」
「その恋の結末はどうなりましたか」

以降、４人の恋の行方をコンパクトにまとめたので、一緒に見ていこう。

暫定片想い、確定片想い

まずは、いつ恋のライバルが現れたのか。

ここはわかりやすく、4人の回答者が2つのパターンに分かれる形となった。

1つ目は、自分の好きな女性をライバルも好きになったパターンだ（これをパターンAと名づける）。

なぜその状況を知ったかというと、ライバルの方からはっきりと伝えてきたケースと、友だちから巡りめぐって（噂として）耳に入ってきたケースに分かれる。

このパターンだけでも十分切ないが、2つ目のパターンはもっと切ない。

それは、自分が好きになった女性はライバルのことが好きだった、という状況だ（これをパターンBとする）。

これは想像するだけでもつらい。

この状況に陥った経緯としては、ある女性を好きになり、少しずつその人のことを知る過程の中で、別の男性（ライバル）のことが好きらしい、ということが判明したという。

先ほどの上野くんも、どちらかといえばこちらのパターンか。

この時点で諦められるなら、最初から恋に落ちてはいない。落ちてしまったあとなのだから、もうどうしようもない。

パターンAは「暫定片想い」とでも表現しようか。流れによっては、「暫定片想い」→「両片想い」→「両想い」となる可能性を秘める。

対して、パターンBは「確定片想い」だ。でも、もうどうしようもない。

そんなとき、回答者たちはどうしたのだろうか。それが2つ目の問いだ。

自己鍛錬のサイクルを回し出す

暫定片想いと確定片想い。そんな状況に置かれたとき、回答者たちはどうしたのだろうか。

パターンA（暫定片想い）のふたりは、ぴたりと回答が一致していた。（インタビューでは30分くらい語ってくれたが）結論から言うと、この3点だ。

①　好きな女性のことをより知ろうとする

②　①の「調査結果」を踏まえ、自分のバージョンアップに努める

③ ①と②のサイクルを高速で回す

1秒でも早く暫定片想いの状況から脱すべく、自己鍛錬にいそしむ姿勢がとても痛々しい素敵だ。

ここが本書の主題の1つだ。

ライバルの効果は本当にすごい。ライバルが現れなかったら、このしんどいサイクルを自分に課すことができたかどうか。

他方、パターンB（確定片想い）の回答者たちはどうしたのか。

結果として、回答者のふたりがとった行動は一致していた。

最初は現実がつらくて、可能な限り、好きになった女性のことも、その女性が好きだとわかった男性のことも見ないようにした。

でも、どうしてもライバルであるその男性のことが気になってしまい、目で追ってしまう。だから覚悟を決めて、なぜ彼女はその男性が好きなのかを考え、盗めるところは盗もうとした、と言う。

4人の恋の結末

最後の問い「その恋の結末は?」の回答結果を一言で表現すると——

全滅。


結局、回答してくれた4人とも、その恋が成就することはなかった。

好きな人が自分を好きになってくれるだけでも奇跡なのに、ライバルが現れてもなお、そんな奇跡が起きる確率なんて、文字通り天文学的レベルだ。

現実はつらいので、目を背け、逃げるか。

それとも、向き合い、受け入れるか。

僕らの人生は、この選択の連続とも言える。

ライバルの存在は、そんな事実を僕たちに教えてくれる象徴的存在だ。


回答者にとってはつらい記憶かもしれず、質問するのをためらったが、意外にもインタビューには楽しそうに答えてくれた。

「楽しそうに」というのは、もちろん僕の主観だ。でも、僕にはそう見えた。うまく言語化できず、それでも言葉にしないと伝えられず、「なんて言ったらいいか。そのときの記憶とか感情とかは、もう鮮明にここにあるんですけど」と胸をさする。

時折我に返っては「長くなっちゃってすみません、まだ時間大丈夫ですか」と僕を気づかう。

読者の皆さんには、その感覚がわかるだろうか。

ライバルは残酷だが、その分、人を成長させる

先ほどの上野くんを動かしたのも、明らかにライバルの存在だった。

友だちでもなく、先生でもなく、ましてや好きな人でもなく、ライバルが現れたことで上野くんの人生は変わった。

最後に、読者の皆さんと考えてみたい。

上野くんのこの行動は失敗だったのだろうか。

上野くんは、その後もMさんのことを忘れなかった。3年生になり、希望通り金間ゼミに入った彼は、卒業まで彼女を作ることはなかった。

ライバルが現れなかったら、彼はこんなに傷つくことはなかったかもしれない。でも僕は、そんな上野くんに明らかな成長を感じていた。残酷な言い方になるのかもしれないが、ライバルの出現が、上野くんを成長させた。

上野くんは、オープンで、裏表がなく、無邪気で、自分の心に正直な青年だ。それは逆に言えば、物ごとに対してストレートだということでもある。

だから上野くんは、自分が思ったことは何でも口にするところがあった。たとえそれが誰かを傷つけるような可能性があっても、「それは言うべきでしょ」というのが上野くんの感覚だった。

そんな上野くんに思いやりが加わった。

一言で表現するなら、正論より共感を優先するようになった。

見た目も性格も高校生みたいだったくせに、その夏を経て、少し大人になったように感じた。

明らかに今の方が魅力的で、カッコいい。

これは恩師としての僕の願望が入っているかもしれないが、これから上野くんは、前よりもずっと一人ひとりを大切にしながら過ごしていくんじゃないかと思う。

ライバルは残酷だ。
見たくないものを見せられ、決めたくないことの決定を急かされる。
強制的に僕たちに「現実」を突きつける。
でも、ライバルこそ、人を動かす。
ライバルこそ、人を大きく成長させる。
ライバルこそ、あなたの人生を豊かにする。
僕にはそんな確信がある。

第7章

ライバルの効能を科学する

——世界の研究が明らかにした成功との相関

ライバルの持つ科学的な効果

ここまで、ライバルという存在がもたらすプラスの影響をお伝えしてきた。

ライバルがいるから、気持ちが高まる、成長を実感できる、勇気を持って行動に移せる。

これらの効果は1151人の調査でも明らかになったことだが、多くの読者にとっても、どこか共感あるいは納得できる結論であったと思う。


しかし、人は共感や納得だけでは信じられないときもある。

「それはわかるけど、でも不安……」

そんな感情だ。


ここを補ってくれるのが、「科学的な裏付け」という根拠だ。

ライバルの持つ効果についての研究は、先述の通り世界的に見ても数少ない。

だが、存在しないわけではない。

そこで、あらためて著名な論文を参照し、ライバルがもたらす恩恵を紐解いてみよう。

以下の5本の研究や調査は僕の興味関心に基づいてピックアップしたものだが、いずれも実に興味深いので、ぜひ目を通されたい。

25秒もタイムが縮まったランナー

まずは、本書でも何度か登場する著名な研究者であるKilduff氏の論文「Driven to Win: Rivalry, Motivation, and Performance」から。

この論文は、個人間の競争関係と、それがタスクへのモチベーションとパフォーマンスに与える影響を調査したものだ。

具体的には、2007年から2009年までの112回に及ぶ陸上の長距離レースに関する膨大な記録を整理し、出場者1263人における競争相手の有無と彼らの成績を検証した。その結果、自身のライバルが出場するレースでは、調査対象のランナーは普段より速いタイムを記録していることを発見した。

たとえば5㎞のレースでは、ライバルがいない場合と比較して、平均しておよそ25秒もタイムが短縮していたことが明らかになった。

無論、論文ではこの結果に対し様々な角度から検証が行われていて、こうしたタイムの短縮効果は、ランナーの性別やもともとの能力には依存していないことも証明している。

ただし、この調査結果には、ライバルの存在におけるいくつかの危惧すべき点も指摘されている。

とくに納得感が高いのがこれ。

「同一のレースにライバルがいることによって、ペース配分が乱れる可能性がある」

これはありそうだ。

ライバルとの戦いに意識が集中し過ぎて、本来のペースを逸脱してしまうことは、容易に想像できる。場合によっては、ライバル関係にあるふたりが集団から抜け出して暴走、なんてことも考えられなくはない。

ライバルがいることで普段以上の力が出せるのはいいことだが、他方で、普段通り、練習通りという姿勢を保つことも必要なようだ。

膨大な先行研究から導き出した2つの有用性

次に、『Organizational Psychology Review』という、組織心理学の分野で非常に著名なジャーナルに掲載されたレビュー論文を取り上げよう（Milstein et. al. 2022）。この論文では、ライバルとパフォーマンスの関係について報告している多くの先行研究に対し、システマティックレビューという手法を用いた分析を行っている。

システマティックレビューとは、一言で言うと、可能な限り共通する研究や比較可能な研究ごとに先行研究を分類することで、バイアスの影響を極力排除した上で総括的な分析結果を示すことを指す。

その結果、同論文では次の2点を結論として挙げている。

① ライバル関係はモチベーションとパフォーマンスを全般的に高める効果がある
② ライバル関係がグループ間ではなく個人間の場合、その効果はよりいっそう強く表れる

とくに2つ目のグループ間と個人間の違いは興味深い。

この論文によると、全般的に個人間の方がライバル関係の影響が強く現れるという。ただし、スポーツの領域においては、グループ間のライバル関係も強く作用していることを見出している。

この点についての解釈は難しいが、スポーツはルールが公平で明確だからではないかというのが僕の仮説だ。

よって、仕事においてグループ間競争を促す場合には、いかに公平で明瞭なルールを設定できるかが大きなポイントとなりそうだ。

ライバルの存在は創造性や革新性を刺激する

次は、僕の専門領域に近いところから。イノベーション研究の分野における貴重な報告だ(Federico et al. 2020)。

この論文では、ライバルがいることで、今までにない新しいアイデアを思いついたり、大切だと思いながらも避けてきたことに挑戦したりするようになる可能性が高まるという。

その要諦は次の2点に集約される(とくに2点目の結論は、首肯する人も多いかも)。

・新しいアイデアを促進したり、斬新なアプローチを試みたりする

ライバルがいる人は、新しいアイデアを考案したり、今までにないソリューションを開発したり、かつこれらを現実の活動や新たな取り組みにつなげたりしようとする。

・停滞を回避する

ライバルが存在することで、それまで見て見ぬふりをしてきたチャレンジに向き合うようになる。また、それが他のメンバーへも好影響をもたらす。

こういった効果が、結果的に多様なイノベーション活動にポジティブな影響をもたらす。言われてみれば当たり前に感じるようなことかもしれないが、ライバルという存在が「イノベーション」という分野でもプラスの効果をもたらすと示したことは、この研究報告が持つ大きな意義だと感じる。

「比較された従業員」が辿る、正の道と負の道

次に紹介する論文は、ずばり「ライバルとの過度の比較」が個人にどう影響するかがテーマだ（Reh et al. 2018）。

主に心理学の分野において、他者との比較によって自分を評価することを「社会的比較」という。この論文では、企業が従業員のパフォーマンスを他の人と比較して評価するシステムを使用している場合に、その後の行動にどのような影響を与えるのかを分析している。

簡単に言えば、社内のポータルサイトに全従業員の業績ランキングが掲載されているような状況を想像してもらえばわかりやすいだろう。

この研究からは、ポジティブ、ネガティブ両方の影響が明らかになっていて、ちょっと怖いレベルだ。まずはネガティブな方から見てみよう。

・ライバルの好業績が前向きな意欲を奪う

人は、ライバルが業績を上げているのを目の当たりにすると、努力してまで建設的な行動をとることが減り、逆に否定的・批判的な言動が増える。

●事後的な関係性を悪化させる

ライバルの高評価を目の当たりにすることで、その後のふたりの関係性を悪化させてしまう可能性がある。同論文では「Envy」というワードが多用されている。ライバルを妬む感情が生まれると、そんな感情を抱く自分が嫌になり、結果としてライバルと距離を置くという結末を迎えることがある。

次に、パフォーマンスの比較評価の導入によるポジティブな効果を2つ。

●自己のメタ認知につながる

高いパフォーマンスを上げるライバルと比較することで、自分の行動を客観的に自覚することができるようになる。その結果、自分自身に何が足りていないのかなど考える内省が促され、今後修得すべきスキルや到達すべき目標の再設定につながる。

●時間的変化の認識

ライバルの業績が時間とともに向上していくのを見るなど、社会的比較に時間的側面が加わることで、自分の進歩に対する認識も変化する。結果的に、短期的な利益を求めるよりも、個人の成長につながる長期的な戦略をとる行動が促される。

後半に掲げた2つのポジティブな効果のインパクトは大きい。ライバルがいることで、自分の変化や成長を客観的に見ることが可能になるようだ。

ライバルが、自分の写し鏡となるのだろう。

これは先の章で伝えた「成長実感」の根拠とも言える。

一方で、ネガティブな2つの効果は、ずんと胸に重くのしかかってくるものがある。やはりライバルに対して絶望や嫉妬を抱き、逆にモチベーションが低下することも危惧される。この「ライバルという存在がもたらす負の側面」については、次章でじっくり取り上げたい。

ライバル関係におけるアメリカと日本の差異

日本だけでなく、欧米における職場でのライバル関係の調査も見てみよう。

幸い、直近と言ってもいい年次に、本書と類似した調査研究を実施した機関がある。Resume Lab（https://resumelab.com/）という履歴書作成サービスを提供する企業が２０２０年に、アメリカ国内で正規雇用あるいは臨時雇用として勤める１０２２人を対象として、職場内の競争関係に関するサーベイを行った結果だ。

まずはストレートな問いから始めよう。

「同じ職場内にライバル関係と呼べる人はいるか」という質問だ。

結果は次の通りだ。

「ＹＥＳ」８４２人（82・４％）
「ＮＯ」１８０人（17・６％）

さっそくインパクトのある結果が出てきたものだ。

僕が行った調査の「ライバルがいる人は４割」という結果と比べて、「ライバルがいる」と答えた割合が倍以上だ。さすが競争の国・アメリカだ。

健全で良好なライバル関係を築けているか

引き続き、同調査から。より興味深いのはこちらの結果かもしれない。

「ライバルがいる」と答えた842人に対し、「その関係は健全か否か」と質問した回答結果だ。ここでいう「健全」とは、原典で用いられている「Healthy (or unhealthy) competition」という用語を僕が訳したものだ。

結果は、842人のうち586人（69・6％）が自身のライバル関係を「健全」（Healthy）と答えている。

なんだなんだ、アメリカ人。もっとバチバチと同僚の足を引っ張り合って、成果を奪い合っているかと思ったのに。それは映画やドラマの中の世界、というべきか。

結果的に全体の約6割が、ライバル関係を認識していて、かつその関係をポジティブに捉えているということがわかる。

やはり日本はまだまだライバル後進国ということかもしれない。

ライバルのいる人といない人、どちらの年収が上か

最後に、本調査で最も気になる、「ライバルと年収の関係」を紹介しよう。いかにもアメリカらしい調査項目を設定してくれたものだ。

先の結果の通り、同調査では１０２２人のサンプル集団を、「ライバルなし」（１８０人）、「ポジティブなライバル関係あり」（５８６人）、「ネガティブなライバル関係あり」（２５６人）の３つのグループに区分できる。

その上で、それぞれのグループの年収（Annual income）を算出し、公開している。

結果は、次の通りだ。

「ライバルなし」（44,516＄）
「ポジティブなライバル関係あり」（57,324＄）
「ネガティブなライバル関係あり」（52,911＄）

ポジティブなライバル派の圧勝となった。「ライバルなし」と比べて、28％も年収が高い。２０２４年10月末現在の為替レートで換算すると、その差は約１９６万円にも達する。

加えて興味深いのが、ネガティブなライバル関係であっても、ライバルなしより約19％も年収が高いことだ。

これを鑑みると、関係性の良し悪しにかかわらず、こと年収から見た場合、ライバルはいないよりいた方がマシ、という結論になる。

このような結果となる根拠として、「ライバルあり」グループの半数以上の人が、ライバルと競争するためにより多くのプロジェクトを引き受けたと回答している。

この点は僕の研究結果（ライバルを持つ人ほど新たな挑戦をする）とも整合的で、日米の共通点と言える。

第8章

ライバル意識のダークサイド

——敵対心という心の闇との向き合い方

アメリカで出会ったイケメンの友だちと天才

僕は大学院の博士後期課程1年のとき、アメリカのバージニア州にあるバージニア工科大学（通称、Virginia Tech：発音がとても難しい）に研究留学した。

アメリカの（というか、日本以外のほとんどの）学期の始まりに合わせて、8月下旬に渡米した直後、9・11のテロ事件が起こった。2001年のことである。

当時、日本で応用物理学研究室に所属していた僕は、自身の研究を発展させるために、バージニアでも日々、実験をしながら過ごしていた。

そもそも英語がよくわからず、よってテロ事件のことについてもよくわからず、9月11日も粛々と実験していた（日本からはたくさんメールが届いた）。

そんな渡米直後、最初に日本の研究環境と大きく違うと感じたのは次の3点だ。

① 研究室の同僚たちは皆、僕の所属を含めた複数の研究室を取りまとめる教授（テニュア教授）から月2000～2400ドルの給与をもらっていた

② その同僚たちは皆、結婚して子供もいた（独身は僕だけ）
③ その同僚たちは皆、セカンドメジャーとしてマネジメントを専攻していた

僕は日本から十分な給付型奨学金を得ていたため、①は必要なかった（おかげで大歓迎された）。

②は、日本の少子化対策としては極めて重要な論点だが、今はスルーしよう。

ということで、僕は③を取り入れた。

この背景が、後に僕の人生に大きな影響を及ぼした。

僕の所属研究室のボスはデイビッド・コックスという准教授（当時）で、ジョージア州出身の南部訛《なま》り。好きな俳優はジム・キャリーというコテコテの米国人だった。

僕がバーガーキングを食べていると、「Dice-K, Burger King, huh?」と言って自分のぽっこりお腹を触ってみせる、とても素敵な先生だった（Dice-Kとは、「大介」という発音をスムーズにしてもらうためにあみ出した呼び方。これで驚くほど「大介」になった。ポイントは「i」にアクセントを置いてもらうこと）。

そして僕の片言の英語に嫌な顔一つ見せず、毎日のように付き合ってくれたのが、同じ大学院生で、推定120kgあるオタクのチャドと、推定190cmあるイケメンのマイケルだった（もちろん呼び名はマイクだ）。

マイクは三菱のECLIPSE（クーペタイプで、日本ではあまり見ない）に乗っていて、サングラスがカッコよかったので、僕も同じサングラスを買った。

チャドは控えめに言って天才だった（日本の学生たちが言う「天才！」ではなく、本当の意味の方）。記憶では彼が3歳上だったと思うが、彼の知識とスキルは、そんな年の差をはるかに凌駕した。

まず、直せない実験装置がない。僕の目には何が不調なのかもわからないのに、チャドの手にかかると翌日には直っていた。

だから僕は、自分が担当する光電子分光法だけは譲らないと決めていた。X線も紫外線も励起《れいき》できそうな軌道には次々と照射した。

それでも、チャドからは教わることの方が多かった。

それだけならまだしも、チャドは実験の他にシミュレーションができた。

僕らは絶縁体や半導体材料の最表面の挙動を観察する研究に従事していたが、チャドはその上、表面から原子１００層くらいまでの挙動をコンピュータで再現することができた（当然、それを実験結果と突き合わせることで分析に厚みが出る）。

無類の実験屋が、コンピュータ・シミュレーションまでこなすなんて反則だ。文系の人には意味不明かもしれないが、要は陸上選手が水泳大会で優勝するようなものだ。

しかも、娘のアレクザンドラが天使級にかわいい（確か奥さんがラテン系だった）。

正直、「絶対勝てない」と思った。

もし、あなたより「有能」だと感じる人が現れたら

想像してほしい。

今、あなたの目の前に、あなたにとって重要だと思われる能力――それは今の仕事に不可欠な能力かもしれないし、今まであなたが高めてきたと自負する能力かもしれない――を十分に備えた人が現れたとしよう。

あなたの心の中には、どんな感情が生まれるだろうか？

そのとき、あなたはどんな行動をするだろうか？

本章では、この問いを皮切りに、ライバルが現れることによって生じる心の「闇（ダークサイド）」に焦点を当てよう。

人は誰でも「闇」の部分を抱える。それを受け入れた上で、僕らはその「闇」をコントロールしながら生きている。

しかし強いライバルの出現は、ときにその「闇」を増幅し、心の堤防を決壊させる力を持つ。そんなとき、僕たちはどうしたらいいのだろうか。

「勝たなければいけない」という気持ちが行きつく先

ライバルに勝ちたい、という気持ちは純粋なものだ。

対戦相手が往年のライバルというだけで、集中力が増し、いつも以上の力を発揮することもある。

海外、とくにアメリカを中心とした先行研究では、主にスポーツを対象としたライバルの効果が盛んに計測されている。

たとえば、野球、バスケットボール、フットボール、アイスホッケーのプロチームを対象とした研究では、ライバルと目する相手が好成績を収めた翌年、今度は自チームがより高い成績を収める傾向にあるという（Pike et al. 2018）。

なぜ、このようなことが起こるのか。

この問いに対し、生理学的な反応をもとに説明した研究がある。

アリゾナ大学の学生を対象としたカードゲームを使った実験において、対戦相手がコロラド大学か、アリゾナ州立大学かで、学生たちの挙動が異なることを発見した（To et al. 2018）。アリゾナ大学の学生たちにとって、アリゾナ州立大学は同じ州にあるライバルであり、コロラド大学はその他の一大学に過ぎない。

そのことをよく知るアリゾナ大学の学生は、対戦相手がアリゾナ州立大学の帽子をかぶっていたとき、心臓の鼓動が速くなっていたという（ちなみに、その帽子は実験者が設定したダミーだった）。

さて、ここまでは、ライバルの効果としてはポジティブな話だ。心拍数が上がるのも、相手がライバル校であればやむを得ないだろう。

しかしそんな気持ちが「何が何でも勝ちたい」という領域に入ってくると黄信号がともる。

強過ぎるライバル意識が人をダークサイドへ引きこむ

ここからは、そんな「ライバルの闇」とも言えるような証拠を示そう。中でもKilduffらによる一連の研究は秀逸だ。

- プロサッカーリーグの膨大な試合数を対象とした分析によると、ライバルと目されるチームとの試合では、平均より多くのイエローカードが出ていた（Kilduff et al. 2010; Kilduff et al. 2016）
- オハイオ州立大学の学生を対象とした実験では、長年のフットボールのライバルであるミシガン大学の学生に対して、他のどの大学の学生よりも多くのウソをついていた。無論、フットボールとは全く関係のない状況においてである（Kilduff et al. 2010; Kilduff et al. 2016）
- 勝利至上主義に陥った学生は、学びを優先する学生よりも、学業上の不正に手を染めやすくなる（e.g. Anderman and Midgley, 2004; Murdock et al. 2001）

実際はまだまだあるが、気が滅入ってくるのでこの辺にしておこう。

これらはすべて、ライバルに勝ちたい、あるいは勝たなければいけないという気持ちが強くなりすぎて、犯してしまう反則たちだ。

昨今の日本では、あまり聞かなくなった話だなと思うかもしれない。

だとしたらそれは、第2章で書いた通り、多くの場面において競争環境を緩和、あるいは排除してきた効果だ。

実際、その流れの一環として、次のようなストーリーがある。

「勝利至上主義」の是非とライバルに対する敵意

2022年、全日本柔道連盟が小学生の個人戦の全国大会を廃止したというニュースが流れてきた。当時、多くのメディアがこれを報じていたように思う。

そのほとんどのタイトルに、「行き過ぎた『勝利至上主義』を見直す」といった文言が含まれていた。

競争意識が過度に高まった結果、勝利ばかりが優先されてしまうことに対し、警鐘を鳴らすニュアンスだ。まして対象は小学生。まだ幼い児童たちを勝利至上主義と言わんばかりの世界に引き込むことは、教育上の効果が乏しく、むしろ人格形成において危険であるという。

勝利が何よりも優先されるならば、人は勝つためには手段を選ばなくなる。

このことは、先の先行研究に見た通りだ。

実際、強い競争環境下にある条件と、競争とは無関係な条件とを比較すると、対戦相手に対し敵意を持ち、攻撃的な行動をとることは競争環境にある条件下で発生しやすい（太田伸幸『ライバル関係の心理学』ナカニシヤ出版、２００７）。

先例に見たようなスポーツの世界は関係性がシンプルなので、一定のルールを課す、組み合わせを工夫するなど、まだ対処のしようはある。

しかし、現実の世界はもう少し複雑だ。

たとえば、俯瞰的に見れば協調すべき相手であるにもかかわらず、局所的には競争関係となることは頻繁に発生する。社内における出世競争や政治の世界などがその典型例だ。

ライバルに対し「情報を独占する」36・4％

この点について、53ページで提示した図表1-7をもう一度見てほしい。選択肢の中では最も得票数は少ないものの、「同期のライバルに対して行うこと」として、36・4％の回答者が「情報を独占する」と回答している。

このように、本来は協力し合うべき同僚であっても、相手をライバル視することで、同じ部署内において必要な情報の伝達をしなかったり（あるいは遅らせたり）、非協力的な態度をとる、などの状況は十分に発生し得る。

複雑な環境下での競争と協調のバランスは、極めて悩ましい永遠のテーマだ。

中でもとくに悩ましいのは、ここまで見てきたように、ライバル意識が強い人ほどモチベーションが高く優秀な場合が多いこと。

よって、一概に排除できないし、強く注意することでその人が持つ良さを削ってしまうのも違う気がする。そう考えるマネジャーの方々の悩みは深い。

そもそも、なぜライバルの足を引っ張るような行動をとってしまうのか？

その答えは、大きく分けて2つある。

1つ目はシンプルだ。それはすなわち、何らかの形でライバルを出し抜くことで、自分にメリットが生じるから。つまり、インセンティブの問題だ。

どうしても僕たちは、数値化された結果だけを見て人を評価したり、他者と比較したりしてしまう。

結果的に、他者の足を引っ張ってでも成果を出した人間が評価されてしまうこともある。それがたとえ、チームや組織全体にとってプラスになっていなかったとしてもだ。

昨今、生じている人材を巡る課題の数々は、このインセンティブ設計の欠陥に起因する。

ただし、これを論じだすと長くなるので、今は我慢して別の機会に譲ろう。

「足を引っ張る」ことに喜びを感じる日本人

ライバルの足を引っ張ろうとしてしまうもう1つの理由は、さらに悩ましい。

それは、ライバルを貶めること自体が目的となってしまうケースだ。

人は、とくに自分に何のメリットがないのにもかかわらず、他人の足を引っ張ろうとする性向を持つ。

しかも日本人は、そんな性向を持つ人の割合が高いらしいというから衝撃だ。

これも語ると長くなるが、この点については前著『先生、どうか皆《みんな》の前でほめないで下さい：いい子症候群の若者たち』（東洋経済新報社、２０２２）で、「他人の足を引っ張る日本人」として丸ごと一章分を割いて解説したので、興味をお持ちの方は参照してほしい。

ここでは、そんな心理を、本研究のインタビューの声を拾うことで解釈していこう。

「ある社内の企画で、同期が最終選考まで勝ち残ったんです。そのときは、正直負けてほしいと思って見てました。実際に同期が先輩に負けたとき、ほっとした自分がいました」（20代後半・男性）

「学生時代に同じゼミで仲の良かった子が、大学院に進学したんです。当時、私も少し迷ったんですけど、結局就職しました。２年後、その子が当時、私が入りたかった会社に就職したって聞いて、ちょっと距離を置くようになっちゃって」（20代後半・女性）

その気持ち、わかる。


そう思う読者も多いのではないだろうか。

本当は喜ばしいことなのに、どこか素直になれず、妬んでしまう。

だから、他人の失敗が嬉しい。それによって自分にメリットがあるわけでもないのに。まさに「他人の不幸は蜜の味」である。

僕だって、その気持ちはよくわかる。わかるから、インタビューでも「うんうん」と頷きながら聞いてしまう。

「先生、めっちゃ頷きますね」と、インタビュー回答者に笑われる。

どんな人が現れても、揺さぶられない自分でありたい

「勝ちたい」が「勝たなくちゃいけない」になり、やがてライバルを憎んでしまう。

心のどこかでライバルの失敗を願ってしまう。

本研究の回答者たちの多くは、そんな葛藤を抱えた自分の性格が嫌いで、何とか変えていきたいと望んでいた。

でも、自分を変えることは容易ではない。その過程はつらく、長い。

いっそ、ライバルを持たないという選択肢もありなのではないか。

ライバルを持つということは、否応なしに、自分の「ダークサイド」を見せつけられるということだからだ。

だから僕は、本研究のインタビューにおいて、あえて「ライバルなし」の人生を提案してみた。

「そうですね。めっちゃありだと思います。実際、結構しんどいんで。でも、やっぱり今は、その選択肢はないかも」

「本当はどんな人が現れても、揺さぶられない自分でありたいですよね。いつか、そうなれればと思って頑張ってます」

揺さぶられない自分でありたい。素敵な表現だと思った。

生きているだけで、いろんな人と出会う。仕事１つとってもそうだ。

「こんなすごい人が身近にいたなんて」と思うことも多い。

そのたびに感嘆し、ちょっと絶望する。

いちいちそんな感情に支配される自分が嫌になる。全くもってめんどくさい。

それでも、「自分だからこそ、できることがあるはず」と、気を取り直す。


負の感情を正のエネルギーに変えて、前を向こうとする。

本当はどんな人が現れても、揺さぶられない自分でありたい。

ライバルの成功を100%の喜びで受け止めて、そのことを真っすぐ伝えられるようになりたい。

僕はこんな風に自らのダークサイドと向き合っている人を心から尊敬する。

なぜなら僕自身が、冒頭で示したように、ライバルに「勝てない」という感情を抱いたことがあるからだ。


では、ある意味でそんな劣等感を抱かされたライバルたちとの関係は、その後どうなったのか。抱いたダークサイドと、どう向き合ってきたのか。

この章の最後に、お伝えしていきたい。

留学中に感じた違和感と進路変更

本章の冒頭で記した、バージニアへの留学の話には続きがある。

当時、僕が所属した講座全体の責任者が、偶然にも日系のテッド・オオヤマという先生で、国防総省から次々と大型の受託研究を取るすごい人だった。

オオヤマ先生は、僕が研究チーム内で唯一の日本人だったこと、また（彼から見たら）無給で貢献していることから、とても良くしてくれた。

あるとき先生が、「ワシントンD.C.を案内しようか」と言ってくれた。

僕は「それより他の大学の講義を聞いてみたい」と答えたので、それ以来、インターステートを飛ばして行ける範囲にあるノースカロライナ大学、ジョージタウン大学などに連れて行ってくれた（どれも有力な大学だけど、日本ではあまり馴染みはない）。

それらの一つにペンシルベニア大学があった。そこのビジネススクールであるウォートンスクール（Wharton School：これまた発音が難しい）が主催したセミナーに参加させてくれた。もちろんオオヤマ先生のコネだ。

会場は立ち見の人であふれ、別会場まで用意されたセミナーで登壇したのが、当時ハーバード大学教授だったクレイトン・クリステンセンだ（残念ながら2020年に亡くなった）。2002年初頭のことで、ちょうど彼が書いた書籍『The Innovator's Dilemma』（邦訳『イノベーションのジレンマ』翔泳社、2001）が世界中で翻訳されていた頃だった。

これが、冒頭で書いた③「研究室の同僚たちは皆、セカンドメジャーとしてマネジメントを専攻していた＋僕もそれを取り入れた」という話につながる。

クリステンセンの話は、そもそも専門分野が違う上に、依然として英語が十分にわからなかった僕は、半分くらいしか理解できなかった。

そんななか、強く印象に残っているのは次の3点だ。

① 日本では考えられないほど、アメリカ人たちはだらしない格好で講演を聴く

② 日本では考えられないほど、質疑応答では多くの手が挙がる

③ どうやら僕が研究対象としていた半導体を、全く違う角度から論じているらしい

衝撃を受けた。というより、強い違和感が残った。むろん、③のことだ。

コンピュータにおける技術革新を「東海岸の巨大企業の社員が優秀かつ顧客に忠実だった

ために、日本や西海岸のガレージに集まる若者たちに破壊された」とか言っていた（ように記憶している）。

正直、全くピンと来なかった。

当時の日本における技術革新といえば、たとえば携帯電話があった。ちょうどＰＨＳ（ピッチと呼んでいた）から携帯電話へと切り替えが進んでいたころだ。

その理由は明確で、携帯はピッチのようにブツブツと断線せず、画面もクリアでデザイン性が高く、充電時間が短く、耐久性が高いからだ。いずれも技術面から説明できる。

コンピュータにおいても、単に西のガレージの若者たちが東のそれよりも優秀だったということではないのか。

ハーバードの教授は、そんな当たり前のことを、なんでわざわざ小難しく語っているんだ。バージニアへの帰り道でオオヤマ先生にそんな話をしたら、「自分は物理学者だから（よくわからない）。ただ、そう思うということは、大介にはその分野を考える素養があるのだと思う」というようなことを言ってくれた。

そしてイノベーション論の道へ進む

翌週から、なんちゃってセカンドメジャーだったマネジメント専攻の勉強との本格的な戦いが始まった。

クリステンセンの原書も読んだし、他の書籍や論文とも格闘した。

が、しかし。依然として全く腑に落ちない。

単に見る角度を変えたら面白いストーリーができました、といって言葉遊びを楽しんでいるように思えてならない。

「もしかしたらアメリカ人はバカなんじゃないのか。大したことないじゃん、ハーバード」

そう思いながら留学生活を終え、日本に帰国した。

帰国後、色々と骨を折って留学のサポートをしてくれた恩師、田中正俊先生には大変申し訳ないと思いつつ、僕は本気で当時萌芽しつつあったイノベーション論の分野を主軸にしたいと考えるようになった。

とはいえ、新たに別の（経営学分野の）先生に師事するというようなことは全く考えもせず、つまりは自力で戦い、そして何百回も後悔した。

書いた論文は箸にも棒にもかからず、すべてに拒絶通知書が届いた（これをデスク・リジェクトと言う。すべての研究者が最も嫌う言葉です）。

そもそも、どこをどう直していいかもわからない。

もし、万が一にでも、読者の中で僕のキャリアに魅力を感じる人がいても、絶対に真似してはいけない。

次は僕がライバルたちを驚かせたい

そして2024年の今に至っても、依然としてイノベーション論との格闘は続く。当時感じた違和感さえも、払拭できずにいる。

何か本質的なことを見誤っているのではないかという疑念が消えない。

研究というのはかくも苦しい。

そしてとても孤独な戦いだ。先へ進めば進むほど、孤独感は強まるばかり。

そんな中、あるときチャドが僕の論文を読んで、メールをくれた。

そこには「Amazing Dice-K」と書いてあった。

「Amazing Dice-K !! 専門分野を変えながら成功した大介はすごい。心からのリスペクトを送る。そんな人と一時を過ごすことができて、自分は本当にラッキーだった。娘のアレクザンドラが日本ファンだから、今度遊びに行く」

「絶対に勝てない」と思った相手からの賞賛のメールだった。

客観的に見れば、僕はチャドの圧倒的な知識とスキルを前に、再び自分探しの旅に出て、結果として専門分野の転向を図ったに過ぎない。

ただ、今は、もともと物理の世界で生きていくことに疑問を持っていた僕に、海の向こうの強力なライバルが、新たな道へ進む勇気ときっかけを与えてくれたと思っている。

自分の中のダークサイドと向き合うことは苦しい。

でも、そんなダークサイドとの戦いが、新しい自分との出会いを後押ししてくれるのかもしれない。

第9章

自分という最強のライバル

——勝者であり続ける人が戦っているもの

ライバル研究「最大の疑問」

ライバルの研究を始めてから、ずっと疑問に思うことがあった。

優勝者にとって、ライバルは存在するのだろうか？

ぶっちぎって勝ち切った人にはもう、ライバルはいないのだろうか？

この疑問に加え、もう1つ、本研究の質問票調査結果の中で、理解が及ばないデータがあった。

それは、ライバルの有無で区分した3グループのうち、「かつてライバルがいた」グループの幸福度が最も高いこと。

第1章でも見た通り、本研究の質問票調査では、「カントリルの梯子」と呼ばれる、幸福度を測る設問を設定している。設問はこうだった。

「あるはしごを想像して下さい。一番上の10段目があなたにとって最も理想的な状態で、一番下の0が最悪の状態を表します。あなたは今、どの段にいると思いますか？」

図表9-1：ライバルの有無の違いと幸福度の関係（N=1,151）

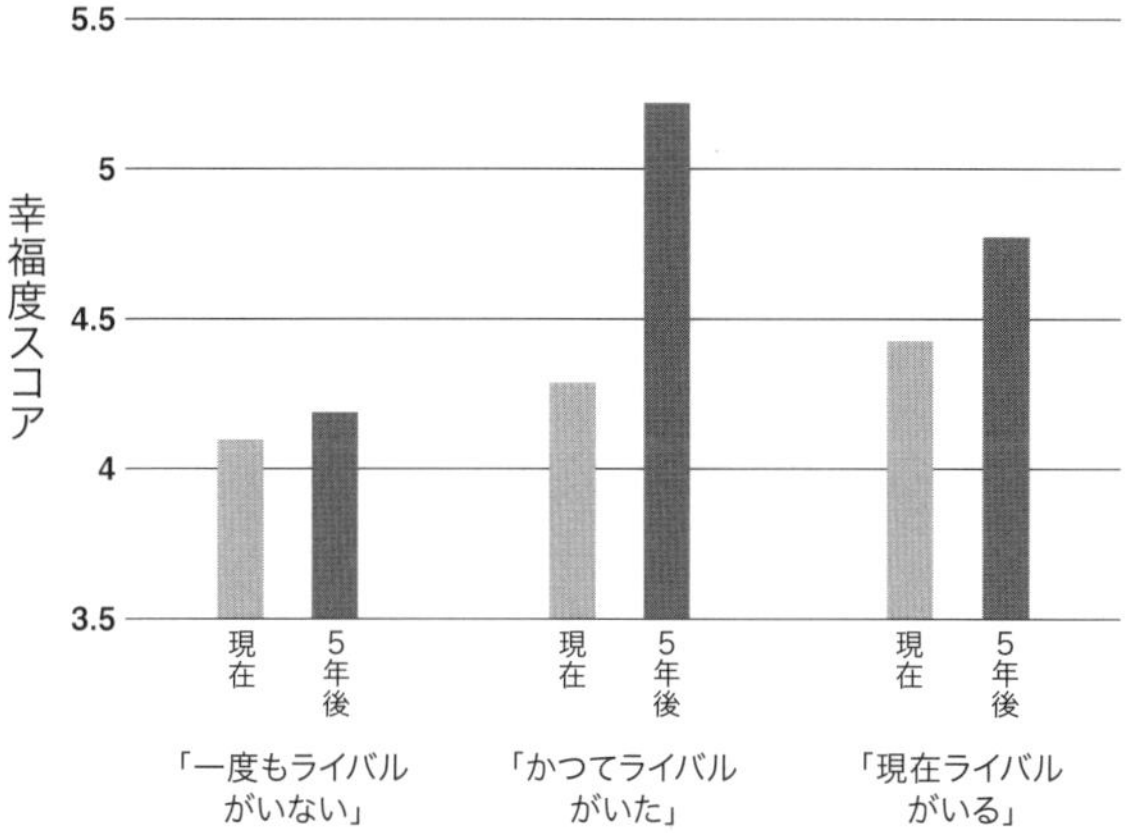

出典：筆者の研究結果より

じつはこの設問、もう１つ関連した問いも設定している。それがこれ。

「それでは、あなたは5年後、どの段にいると思いますか？」

その結果を示した、上記の図表９-１をご覧いただきたい。

明らかに「かつていた」グループの5年後の幸福度が突出していることがわかる。

これはライバルが「現在いる」人たちの同回答より９％、「一度もいない」人たちより25％も高い。

事前の予想では、「現在いる」グループが圧勝すると考えていた。実際、他の多くの設問では、そのような結果になっている。

にもかかわらず、幸福度だけは「かつていた」の圧勝。彼らの多くは、5年後の自分は今よりずっと幸福だと信じている。これはどういうことなのだろう。

「5年後への期待」が将来を大きく左右する

僕はこの「5年後の幸福度」をとても重視している。

人は「自分の将来は今より良くなっている」と思えるかどうかで、今の生き方が大きく変わってくると考えているからだ。

自分の将来が今より良くなると思っていなければ、今努力などできるはずもない。努力とは、将来に対する投資だ。良くなりようもない将来のために、人は努力などできない。

同じことが、リスクテイク行動や、失敗に関する許容度などにも言えると考えている。

逆に、将来良くなると思っていないときは、どういう行動をとるか。

それは、可能な限りの「今の延長」だ。

新しいことはせず、今の幸福を最大限甘受しつつ、それを維持することに努める。将来の幸福を信じていない以上、さらに幸福度を上げるような行為はリスクであり、無駄だと考える。

今の幸福に意識を集中し、今の幸福度を守ることに徹するのは、当然の合理的判断だ。

そんな、将来の人生を大きく左右する「5年後の幸福度」における「かつていた」グループの高得点。

これをどう解釈したらいいのだろうか？

「勝ち切った人に、ライバルは存在するのか」

じつはこの謎の解明に、「かつてライバルがいた人ほど、将来幸福になると思える」という調査結果が深く関係していた。

本章では、この問いを伏線として、その回収に努めてみよう。

「若くして頂点を極めると成長が止まる」は本当か

「若くして頂点を極めると成長が止まる」

「早熟型は結果的に不幸になりやすい」

こういった表現を何度か耳にしたことがある。

そこに含まれる意味合いはいくつかあって、

① 早々に頂点を極めてしまうと、その先の人生で得られるものが極端に少なくなってしまう
② 早々に目標を達成してしまうと、その先の人生で何を目標にしていいかわからず、無力感をいだきやすい
③ 人より短い時間で頂点に立った分、苦労した経験が少なく、結果的に人に助けられた経験も少ない。そのため、人に対して感謝の念を抱きにくい
④ 周囲の人に共感する（される）という状況が生まれにくく、孤独感が強くなる

といった点が指摘されている。いずれも興味深い指摘だと思う。

確かに、①や②にあるように、早くして１番になってしまうと、次に何を目指せばいいのかわからなくなってしまうのは、想像に難くない。

とはいえ③や④の通り、そんな人が誰かに助けを求めようにも、なかなか共感が得られず、周りもどうしたらいいかわからないだろう。


本研究のインタビューに答えてくれた人の中には、20代で成功した起業家や、第一線で活躍した元スポーツ選手が含まれている。

彼らもまた、高まる孤独感の中で、次の目標を見出すのに苦労していた。

他方で、彼らにはかつて競い合ったライバルがいて、こんなコメントも残している。


「あのときの戦いや苦労があったからこそ、今の自分がある」

「あのときのおかげで自分を見失わずに済んでいる」


一体どういうことなのだろう？

圧倒的王者、藤井聡太は何と戦っているのか

突然だが、僕は藤井聡太さんが好きだ。むろん、２０２３年に史上初の将棋八冠を達成した現役最強の棋士のことだ。

人懐っこい外見に、落ち着いた話し方。そして、そんな朴とつとした青年に似つかわしくない圧倒的な実力。

２０１６年に史上最年少で四段に昇段し、プロデビューして以来、無敗の29連勝という大記録まで打ち立てて、もうぶっちぎりの世界。これぞ稀代の天才。

これだけの天才なので、藤井さんを対象としたインタビュー記事は多い。

そこでこれらを読み漁り、本当に「若くして頂点を極めると成長が止まり、無力感を抱きやすい」のかどうかを検証してみたい。

１つ目の記事は、「藤井聡太 史上初 将棋の八冠独占を達成 強さの秘密はどこにあるのか」（ＮＨＫ ＷＥＢ特集２０２３年10月18日）から。

この記事は、記者である河合哲朗さんと堀川雄太郎さんがリレー形式で14歳の頃からの藤井さんのキャリアと成長を伝えていくスタイルを採用していて、とても興味深い。

とくに驚かされるのは藤井さんの一貫性だ。

プロ入り1年目ですでに無敵の強さを発揮しつつあった頃に、河合記者がタイトル奪取について質問した際の藤井さんの返答がこうだ。

プロ棋士になったからにはもちろん、その舞台に立ちたいという気持ちは強いですし、それに向けて努力していきたいと思っています。

それはこれからの自分の成長にかかっているので、早くその舞台に立てるだけの実力をつけたいと思っています。

この藤井さんの回答を得て、河合記者は記事の中でこう語っている。

「この日の取材の中で藤井さんは一貫して、私が質問した『タイトル』ということばを『その舞台』と言いかえた。（中略）中学生とは思えない自制心に驚くとともに、そのような心中も想像しないまま力強いことばを引き出そうとした自分が恥ずかしくなった」

その後、藤井さんは名実ともに最強となった2021年の「三冠」達成時の会見でも、前人未到の「八冠」の可能性を問われて、こう語っていた。

まずは実力が今以上に必要になるので、現時点でそれを意識するのではなく、より実力を高めた上で、そういったところに近づくことが1つの理想なのかなと思います。

ここでも藤井さんの「まずは自分」という姿勢は、全くブレを見せない。河合・堀川記者以外の取材でも、そのことはよくわかる。

時は少しだけさかのぼり、「三冠」達成の少し前、2020年7月に棋聖戦を制し、タイトル獲得最年少記録を達成した際のインタビューでも同様だ（藤井聡太棋聖「将棋に頂上はない」2020年7月29日）。

（記者）藤井棋聖がプロ入り当時に書いた色紙には、「最強の棋士」という目標が書かれています。今、この目標にどこまで近づけたと思いますか？

（藤井）将棋は、どこまで強くなったとしても終わりがないと思っていて、そういう意味では、本当の意味での頂上というものもないのかなと思います。四段になった当初の色紙ということで懐かしいんですが、なかなかいい目標だなと思ったので、引き続きこの目標を胸に頑張っていきたいと思います。

（記者）その探究心こそが、目標である「最強の棋士」につながっていくのかもしれませんね。

（藤井）そうですね。より強くなって新しい景色を見たいという気持ちは、当時も今も変わらないと思っています。


藤井さん、本当にブレない。全くブレない。

先のNHKの河合氏・堀川氏の記事の中でも、このような記載があった。


（藤井さんは）「八冠」を達成してもなお、「まだのびしろはある」「実力を高めたい」と語っていた。その表情を見て、藤井さんはまた、新たな景色を見ようとしているのだと（インタビューした堀川記者は）感じた。

（カッコ内は金間の補記）

藤井聡太がダークサイドと決別した瞬間

中学生でプロデビューして以来のこの強靭な一貫性。ちょっとカッコよすぎないか。

そんな完璧な人がいるなんて、不公平が過ぎる。

いや、藤井さんだって（少なくともかつては）普通の人間だったはずだ。

そもそも僕はダークサイド出身だ。人には必ずダークサイドがあると思っている。藤井さんにだって、「ブラック藤井」成分がきっとあるはずだ。

という強い探求心とモチベーションを持って、僕はさらに藤井さんのインタビュー記事を遡ってみた。

そしてついに、１つだけ「ブラック藤井」を見つけた。

その記事は、「将棋世界２０１６年11月号」（発行＝日本将棋連盟、販売＝マイナビ出版）によるもので、ＷＥＢでも公開されている。

この記事では、もうほとんど存在していないし、これからもまずないだろう、と思われる藤井さん本人が執筆したコメントが掲載されている。

僕が注目したのは、「師匠の言葉」と銘打った藤井さん自身の執筆記事だ。以下に引用したい。

なお、ここでいう師匠とは、藤井さんの師匠、杉本昌隆八段のことだ。

正直、負けないと思っていた。

平成27年8月第一例会、ぼくは編入試験者の城間春樹さんと当たった。相手の先手で、変則的な矢倉戦。中盤の早い段階で双方持ち時間を使いきって、その後は延々と一分将棋が続いた。迫りくる秒読みの音、慌てた様子で着手する城間さん。一方ぼくは、57秒のあたりでそれなりに余裕をもって着手していた。傍目からはぼくが勝っているようにも見えただろう。だが、二転三転の末、最後に間違えたのはぼくだった。対局開始から4時間半、ぼくの玉は敵陣の一段目で詰まされていた。


なんということだろう。藤井さん、文章まで上手だ。天は何物を与えるのか。

という感想はいったん脇へ置き、今はこっち。「正直、負けないと思っていた」という一言。藤井さんらしくない、ちょっと傲慢な言葉だ。

平成27年ということは２０１５年。藤井さんは中学2年生の13歳。

少なくともその頃は、油断することがあったということがわかる。

しかし、そんな人間らしい片りんを見せた直後、藤井さんは次のように考えを改めていることが、同じインタビュー記事から読み取れる。

そして今期、初参加だが、実質2期目だと思って、最初から昇段を目指そうと思っていた。しかし、気合を入れて挑んだ初日は1勝1敗。内容も悪く、三段リーグの厳しさを思い知らされた。リーグは長丁場で、序盤に負けが込むと昇段争いに絡むことが難しくなってしまう。そのことを意識しすぎて、少し硬くなっていたのかもしれない。そこで、「勝敗は指し手についてくるもの。対局中は最善手を探すことに集中しよう」と決めた。それがよかったのか、それから星（勝敗成績）が伸び出した。

マジか。またしても藤井さん、カッコよすぎる。
「対局中は最善手を探すことに集中しよう」という、一見普通の言葉が、とても重みをもって伝わってくる。

すべては盤上にあり。
まずは自分が強くなること。
藤井さんのインタビュー記事からは、そのことを強く知らしめられる。

たとえライバルたちから追われても

藤井さんのストーリーもこれで最後だ。

そんな藤井さんには今、ライバルがとても多い。藤井さんのライバルではなく、藤井さんをライバルとする人たちだ。

再び、先のＮＨＫ河合氏・堀川氏の記事より、深浦康市九段のコメントを引用させていただこう。

> 藤井さんはこれからまだ伸びてくるはずです。多くの棋士が研鑽を積み重ねて、タイトル戦の挑戦者争いは今後さらにしれつになっていくと思います。ベテラン陣では羽生九段、藤井さんにタイトルを奪われたトップ棋士も奮起するでしょうし、藤井さんと同世代かまたは下の世代、これからの少年少女たちが、藤井さんとの対局を夢みていくのだと思います。

こんな風にライバルたちから追われるのは、どんな気持ちだろう？

やはり「怖い」のだろうか。負けられないという「責任」も負わされることになる。

だが藤井さんは「下の世代が追いかけてくるのは自然なことで、彼らがどんな将棋を指すのか楽しみ」と答えている。

あくまで興味関心は盤上にあり、自らの実力の伸長に注力する。本当にブレない。

優勝者にとってのライバルとは？

藤井聡太さんは、若くしてトップクラスまで上り詰め、そこからはひたすら自分磨きに徹してきた。メディアの記者から「戴冠の気分は？」「次の目標は八冠か？」と質問されても、ひたすら「さらに自分を高めていきたい」と答えてきた。

たくさんの人たちにライバル視されても、その一貫した姿勢がうかがえる。

これは藤井さんに限ったことではなく、圧倒的な勝利を遂げた「優勝者たち」に共通する姿勢でもある。

本研究のルールで名前を明かすことはしていないが、インタビュー対象者の中には著名人も何名か含まれている。

彼らは自らの世界で高い実績をおさめ、多くの関係者から尊敬される立場にある。そんな彼らにインタビューできたのは本当に幸いだった。

僕から彼らへ問うたのは、本章のテーマそのもの――勝者にはもうライバルはいないのか――だった。

ここで結論を示そう。

彼らから発せられたキーワード、それは「自分」であった。

高い実績を収めたインタビューの回答者たちは、こう僕に答える。

「ライバル？　強いて言うなら『自分』でしょうか」

「一日の終わりに、『あー、今日は自分に負けたな』って思う日は結構あります」

「このままではこれまでの自分を更新できない。先へ進んでない。そう思うと、自分が嫌になりますね」

過去の自分に勝つ。

ライバルは自分自身。

この「ライバルは自分」という状況、一体どんな感覚なのだろうか？

第4のライバル「ゴースト」

皆さんにはここで106ページを見返してもらいたい。

本書では、先行研究を踏まえ、ライバルの型として「好敵手」「基準」「目標」の3つを提示した。

そして「？？？」としていた、第4のライバルの型。

僕はそれを「ゴースト」と命名する。


このライバルに実体はない。

にもかかわらず、強い存在感をもって自分を追い立てる。ときに誹謗し、ときに中傷しながら、あなたを追い込む。その実体のなさは、まさに亡霊のよう。

この亡霊は、あなたを褒めることはない。

あなたにできることは、この亡霊を黙らせることだけ。ゴーストの沈黙だけが、あなたの勝利を意味する。

だが、そんな晴れやかな日はそうそう来ない。

来る日も来る日も、ゴーストは「いいのか、その程度で」と語りかけてくる。


このゴーストの正体は、「過去の自分」だ。

364日は「過去の自分」の勝ち

かくいう僕もゴーストを抱えている1人だ。

「今日も勝てなかったか」と、一日の終わりに思う。

ライバルはまさに「過去」の自分。これまでのすべてを積み上げてきた自分自身だ。この敵は本当に手強い。


朝起きて、「今日はこれをここまでやろう」と決める。

その理想は特別高いものじゃない。ちゃんと集中すれば、自分ならできる範疇にあるものだ。

でも、ほとんどの日において、その目標は達成されない。

ちゃんと数えたことはないが、おそらく勝率は365分の1程度。もうほぼ負けしかない。

負けまくりのマイライフ。


何が悪いかは明白だ。

自分自身の弱さ。それに尽きる。

決して外的な環境のせいではない。自分が弱いから負ける。


とくに手強いのはクリエイティブ系の仕事だ。

僕の場合は、論文や書籍の執筆、新しい研究計画の作成などが該当する。

世にないものを生み出すのは本当にしんどい。

「量」は問題にはならない。すべては「質」に集約される。すべては過去の自分が生み出したクオリティを超えられるかどうかにある。

過去の自分だって、サボっていたわけじゃない。

その過去の自分がゴーストとなって、今の自分の前に立ちはだかる。

そんなものか？

もう終わりか？

そう語りかけてくる。

文字通りの身を削る感覚がそこにはある。強い孤独感との戦いになる。その感覚は年々強くなっている。

それでも今日も「自分自身に合格点を出す」ことを目指して、一日をスタートする。

「未来の自分」というライバルが語りかけてくる

本インタビューで、実績のある人たちが共通して持つ感覚があることがわかった。

それが孤独感だ。

戦うときはひとり。

結局大事なことは、ひとりの「個」がどうするか。

こうした感覚を、実績のある人たち――職業は技術者や経営者、元水泳選手、お笑い芸人など様々——は共通して持つ。
強い孤独感の中、それでも血を沸き立たせる存在、それが、もうひとりのゴーストである「未来の自分」だ。

人が行動を起こすとき、その行動が影響を与える方向軸は大きく分けると2つしかない。それを本書では「空間軸」と「時間軸」と名づけることにしよう。

空間軸とは、「今この瞬間」における他者への影響だ。正確には近未来における他者への影響となるが、ほぼ今の延長でイメージできる未来までを「空間軸」として捉えよう。「横方向への展開」と表現したらわかりやすいだろうか。

他方、「時間軸」とは、文字通り過去から現在、未来と続く時間的変化の中で加わる影響だ。一概には言えないが、少なくとも3年から5年先を想定してもらえれば。こちらを「縦方向への展開」と表現しよう。


人が「孤独」という言葉を使うとき、それは主に空間軸を想定している。孤独感は「今」持っている感覚だからだ。

本章のテーマは「優勝者にライバルはいるのか」であり、対象となるターゲットは「勝ち抜いた人たち」だった。
彼らの多くに「ライバルはいるか」と問うと、「かつていた」と答える。
そして「戦うときはひとり」と言う。
この「ひとり」という感覚は今現在の「空間軸」に依拠している。
だが、これを時間軸で考えたとき、彼らはひとりではない。
思い描く未来の中に「もうひとりの自分」がいて、その自分が今の自分を呼び寄せる。

早くここまで来い。

そう語りかける未来の自分の周りには、多くの人がいる。
今の自分の行動は、その周りの人たちにも影響を与える。
そう感じるとき、今の自分の行動は、自分だけのものではなくなる。
今を乗り越えた先に、より幸福な未来の自分がいる。
５年後は、より幸福な自分がいる。

過去の自分が「最強のライバル」である理由

僕はかつて、年齢と人の能力に関する論文をいくつか書いたことから、関連する先行研究を読み漁ったことがある。

その知見から、本書をお読みの35歳以上の人に対し、良いニュースと悪いニュースをお届けしたい。

どちらから始めてもいいが、好きなものを最後に取っておく派の僕としては、まず悪いニュースから行ってみよう。

大変残念なことに、基本的な能力、たとえば計算力や情報処理能力、マルチタスク処理能力などは、20代の早い時期をピークにどんどん低下していく。

さらに記憶のアップデートや注意力を測定する検査でも、35歳以上のスコアは20代に比べて低くなる。

とくに記憶力に関しては、新しい記憶の書き込み、古い記憶の呼び出しともに若い人の方が優れている。

ついでに言ってしまうと、それらの他にも、知覚速度、空間認識、推論、エピソード記憶などに関する能力も加齢とともに低下する。

もはや脳の基礎スペックのすべてが低下すると言っても過言ではない。これに加え、当然体力的な衰えも重なる。とにかく、いろんなものがどんどん下がる。


そんな中、「過去の自分」が語りかけてくる。

おいおい、そんなものか。

そこで終わりか。

もう余生か。


まさにゴースト。無慈悲極まりない。

あなたにとって、史上最強のライバルとなる。

実際、ゴーストはあまりに強いので、普通は抗うことすらできない。抗う想像すらしない。

心を折られることが目に見えている。

過去の自分に勝つ方法

それでも、世の中には進化を止めない人たちがいる。

「レジェンド」と呼称される人たちだ。

彼らは自らが属する業界で、自身の記録を更新し続ける。

まさに生きる伝説だ。

なぜ「レジェンド」たちは、そんな芸当ができるのだろうか。

彼らだけが知っている、何か特別な秘策でもあるのだろうか。

なぜ、彼らだけが過去の自分に勝てるのか。


ここで、良いニュースの登場だ。

一社会人の比較として、若い人の方が明らかに多くのデータを分析し、多くの顧客を訪問し、多くの残業をしているのに、そんな若手の数段上の成果を上げるベテランがいる。ときに年配者は若手に比べて緩やかなペースを保っているにもかかわらず、複数のタスクを処理することがある。

このような観測結果の根拠となるのが、経験の蓄積とその有効活用である。

人は蓄積した経験を、個人の中で知識や技能に昇華することによって、加齢による様々な能力の低下を補い、場合によってはそれらをはるかに上回る強みとして機能させることができるという。

学術的な研究でも、それが裏付けられている（Salthouse.2012; Kanfer and Ackerman .2004)。

これらの先行研究では、このことを経験知の結晶化と呼ぶ。単なる計算力や記憶力は20歳過ぎをピークとして、以降は徐々に低下し、人によっては低下速度が加速していく。その一方で、結晶化された能力は、トレーニングによっては60歳前後まで伸び続ける。

こうして経験を価値ある結晶に変えることができるのは、自らの「コンフォートゾーン」を超えたところで勝負してきた人だ。

ここで言う「コンフォートゾーン」とは、自らの能力やスキルで十分こなせる範疇のタスクのことを指す。その名の通り、不快な思いをすることなく処理することができる領域だ。

他方、「コンフォートゾーン」を超えた戦いは厳しい。

自分にとって未知の領域でのバトルとなる。

勝てるかもしれないし、負けるかもしれない。

そんな限界ギリギリの勝負を繰り返してきた人こそが、己の限界を超え、進化を遂げる。

そんな人たちのみが見える景色がある。

最近あなたはいつ、「自己ベスト」を更新したか

「自己ベストを出す」


インタビューの回答者の1人が、「日々の目標は何ですか」という僕の問いに対し、そう語ってくれた。

とても共感した。僕もよく使う言葉だ。


本章も締めくくりに入る。

ライバルは、あなたの人生を豊かにしてくれる。

そして、一番身近で、すべての人が見つけることのできるライバルがいる。

それが「自分」だ。

自己ベストを、更新しよう。
昨日までの自分を更新しよう。
そして自己ベストを出すために、まずはそのプロセスでベストを尽くそう。
目標としての「自己ベスト」。そのための「プロセス・ベスト」だ。

言うまでもなく、そのプロセスは苦しく、険しい。
過去の自分が手を抜いていないなら、なおさらだ。ベストを尽くした自分を追い抜こうというのだから。

苦しいのなら、もうやめにしようか？
やめたければ、やめればいい。
やめることはいつでもできる。

でも、負けたくない。
ここで終わりにしたくない。

そんな心の声が聞こえたのなら、それはあなたの中にも「ゴースト」が宿っている証拠だ。
そして、あなたがまだまだ成長できる証拠でもある。

藤井聡太、敗れる

ここまで書き上げて本章を締めようとしたまさにそのとき、思いもよらないニュースが飛び込んできた。

2024年6月20日、八冠の1つである「叡王」を、藤井さんが失冠したというのだ。藤井さんがタイトルを失うのはこれが初めてだ。

しかも、負けた相手は同学年の伊藤匠七段。かねてから藤井さんのライバルと称されていたひとりで、まさに207ページで引用した深浦九段の予言が的中した形だ。

あまりに興味深いので、伊藤さんと藤井さんは、僕がこの本を執筆するまで対局を待っていてくれたのではないかと思うほど（そんなわけない）。

以降、野澤亘伸氏の記事「『藤井聡太を〝人間〟にした男』伊藤匠の背負う宿命『同世代棋士が無敵の王者を破ったこと』の意味」（東洋経済オンライン、2024年6月29日）を引用する形で、ふたりの関係を振り返ろう（野澤さんの同記事は実に読ませる傑作なので、ライバル好きには一読を勧める）。

その記事によると、藤井さんと伊藤さんは小学3年生のときに全国大会で対戦し、このときは伊藤さんが勝ったとのこと。しかし、その後は藤井さんが一歩も二歩も先へ行く状態が続いた。

たとえば、史上最年少でプロデビューを果たした藤井さんの対局における記録係を、伊藤さんは何度か務めている。目の前で輝かしい業績を積み上げていく同い年を見て、伊藤さんはどんな心境だったのだろう。

ただ、伊藤さんの追い上げも尋常ではない。17歳でプロデビューし、2021年度には藤井さんの5年連続勝率1位を阻止して年間勝率1位にも輝いている。

こうして徐々に差を詰めてきた伊藤さん。

そして「巨大な枝葉の影にいた男は、力ずくでその枝を登り、自ら陽の光の当たる場所へと出た」という（前記・野澤氏の記事より）。

優勝者は多くの人からライバル視され、挑戦され続ける。

その挑戦者たちに勝ち続けるのは、簡単なことではない。

なぜならここまで見てきたように、ライバルがいる人は「強い」からだ。

藤井さんのような人でも、いつかは負ける日がくる。


でも、僕にはわかる。

きっと藤井さんは、今でも「自分」と戦っている。

ライバル視されようとも、勝とうとも負けようとも、常に自分というライバルと戦い続ける。それが、優勝者であり続けられる人の姿勢なのだ。

第10章

ライバルと手を組むとき

——最高のチームが誕生する瞬間

真に「競争から協調へ」が実るとき

これはいたって真面目な学術論文における記述だ（Sonenshein et al. 2017）。舞台は、アメリカのグルメフード・トラックの世界。日本では一般にキッチンカーと呼ばれる人たちの話だ。

アメリカでも、たとえば音楽フェスなどの屋外イベントが行われるときは、決められたエリアにフード・トラックが集い、出店する。

このとき、彼らは明確な競合関係になる。限られた顧客を奪い合うゼロサムゲームそのものだ。

ここで成功するための方策は、自身が手掛ける製品やサービスの魅力の向上と、それに見合った価格付け。

と、もう一つ。

ライバル店の失策だ。

他店にちょっとでも悪評が立てば、それは攻勢のチャンスだ。短期間のイベントの間に、劣勢に立たされたフード・トラックがリカバリーできる機会は少ない。

そんな厳しい競争環境の中で、彼らはある時点から協調的な行動を見せ始めたと、この論文は指摘する。

互いの設備を修理するために協力し合い、食材が足りなくなったときには互いにカバーし合った。

新規参入者には有益な場所についてアドバイスし、さらにSNSでは互いを直接宣伝し合った。

結果的に、彼らは協力することでフード・トラック業界を拡大し、市の規制改革にもつなげていった。

ただし、努力を怠るトラックには厳しい対応をとった。甘えを見せるトラックは追い出し、残ったトラックには相互の切磋琢磨を促したのだ。

ライバル同士が手を取り合うということ

さあ、最終章だ。

ここまで本書では、徹底的にライバルの解像度を上げることに努めてきた。ライバルとは何か。どんな効果があって、何が壁になるのか。これらの問いついて、定量的なデータと定性的なエピソードをもってアプローチしてきた。

ライバルとは、原則的に個人の主観の上に成り立っており、その感情を公言することはほとんどない。

当事者だけが認知することができる秘められた関係。究極的には個の戦いに委ねられる。

でも、本書最後の問いはこうだ。

あなたが想像する、最高のチームとは何か？

個と個の話である「ライバル」とはいっけん関係のないテーマだが、ライバルと、本当の意味での「協調」には深いつながりがある。

重要なプロジェクトを任されたら誰をメンバーに選ぶか

想像してみてほしい。

あなたは今、仕事において自分史上最大の挑戦となるであろうプロジェクトを任された。

そして、メンバーを決めてくれと言われた。

あなたなら、誰を選ぶだろうか。


まず、普段から仲良くしている同期が真っ先に脳裏をよぎる。

これはぜひ入れたい。メンバーの中に気兼ねなく話せる相手がいるのは大事だ。

では、いつも優しく接してくれる先輩はどうだろう。

これも必要だ。苦しいときほどムードメーカーとなってくれる先輩がいてくれると心強い。


そして、もうひとり。

そこまで頻繁に話すわけじゃないけど、優秀で、同じ職場でも最も気になる存在。

そう、ライバルだ。

入ってくれたら百人力。きっと自分やメンバーにはない視点をプロジェクトにもたらしてくれる。

ベストのメンバーをそろえようと思うなら、チームに入れない選択肢はない。

それに、単純にその人と一緒のプロジェクトをやれると考えるだけでドキドキする。

今までライバルとして切磋琢磨してきた「好敵手」や、まだ敵わないと思いつつ、いつかは追いつくと「目標」にしてきた人と、同じチームになる。

まさかそんな日が来るとは思っていなかった。武者震いしたくなるような緊張感が全身を駆け巡る。きっとこれはすごいことになる。

そんな感情が湧き起こって、とてつもなくワクワクする瞬間だ。

「チームの一員としてふさわしいか」というプレッシャー

でも正直、不安も大きい。

意見が食い違うかもしれない。いや、遅かれ早かれ、きっとどこかで対立することになる。

そんなとき、自分の力で皆をまとめられるだろうか。

プロジェクトを先へ進めることができるだろうか。

それよりも「こいつは使えない」と思われたらどうしよう。それだけは嫌だ。

一社会人としては失格かもしれないが、プロジェクトの進捗よりも、ライバルに「使えないやつ」と思われることの方が耐えがたい。

そう感じた直後、高ぶっていた高揚感に暗雲が立ち込める。
自分はこのチームの牽引役にふさわしいだろうか。
場違いじゃないのか。
足を引っ張るだけじゃないのか。

ライバルはきっと自分を見ている。
ダサいところは見せられない。
負けたくない。絶対に失敗できない。
絶対に成功させるしかない。
そう考えると足がすくむ。

でもチームを抜けることも、解散させることもしたくはない。
間違いなく、自分がこれまで経験した中で最高のチームだ。
このメンバーならきっとすごいことができる。その一員でいたい……。

ライバルのプロジェクト加入は、まさに最大のエネルギー源となると同時に、最強のプレッシャーにもなり得る。

これが最高のチーム作りに伴う代償ということだろう。

「モブキャラ」が存在感を放つとき

ときに、チーム内でノーマークだった人が存在感を増す瞬間がある。

完全にモブキャラだと思っていた人が、ここぞというシーンで輝きを放ち、チームのレベルを一段上へと引き上げる。

少し前までビビっていたように見えたのに、吹っ切れたように自分の仕事をする。

「この人、こんな武器を持ってたんだ」と、心の中で驚愕する。

自分の役割に集中する。

ただそれだけのことが、とても難しい。

チームのことを想い、チームの足を引っ張らないようにするにはどうしたらいいのかと悩む。

結果、チームに合わせた行動をする。

周りの真似をして、周りと同じように練習をし、周りと同じような時間を過ごす。

そんな思考や行動をしている間は、あなたはきっとモブのままだ。「いてもいなくても変わらない存在」のまま。

自分を周りに合わせている限り、あなたの「役割」は定まらない。

逆説的だが、きっとこれが真実だ。


もしあなたが本当の意味でチームに貢献したければ、そんな周りに合わせるだけの行動をすべきではない。

自分がやるべきことをやる。それしかない。

結果を意識すると、途端に何も手につかなくなる。

とにかくやるべきこと、歩むべき過程に集中しよう。

この世界は「個人戦」でできている

「自分はモブのままでいい。モブのままがいい」

そう言う人もいるだろう。

僕がこれまで手掛けてきた若者に対する研究では、確かにそういった気質を持った若者が多いことが明らかになっている。

研究者の僕としては、そのデータに向き合い、客観的な思考を深める。


でも、ひとりの人間としての僕の主観は、まだそのデータを受け入れていない。

ただし、すべての人に「意識高く生きよう」などと言うつもりは毛頭ない。


自分にしかできない何かで、チームに貢献する。

自分のやるべきことが明確になり、そこに意識が集中する。

言葉はなくとも、周りの人が認めてくれているのがわかる。

自分がチームのメンバーで良かったと、周りの人が思ってくれているのが伝わる。

そう感じられる状態は、何ものにも代えがたいものだ。


そのために「個」を鍛えること。

チームに貢献するために、徹底的に「個」を意識すること。

僕はこれを強く提案したい。

個人戦を戦える者のみがチームに貢献できる

ここまで、本研究を通して、多くのライバル像と向き合ってきた。質問票調査やインタビュー調査、先行研究、そして僕自身の経験も踏まえ、1つの結論に至る。
それは「この世界は個人戦でできている」ということ。

本章のテーマは「チーム」だった。
チームで戦うとはどういうことか。僕たちにとって、最高のチームとは何か。
この問いを突き詰めれば突き詰めるほど、「個」としての重要性が浮上する。
きっとこれが本質だ。

ほとんどの人は、組織やチームの一員として活動している。
受験のような個々の戦いでさえ、仲間を意識することは多い。
でも、そのとき念頭に置く「仲間」とは誰か。

そのとき想像する「仲間」とはどんな人か。

僕が行ってきた「ライバル」研究とは、この問いに正対し、徹底的に「仲間」の解像度を上げていくプロセスと同義だった。


そして浮かび上がってきた結論は、「個」としての強さだ。

受験どころか、バレーボールやサッカーのようなチーム競技でさえ、力の源は個人に起因する。チームというが、その実は個人がすべてだ。個人が力を発揮しなければ、チームなど意味がない。

したがって、ここから帰結されるもう1つの結論がこれだ。


個人戦を戦える者だけが、本当の意味でチームに貢献することができる。


誰でもチームや社会に貢献したいという気持ちはあると思う。そんなときこそ、自分自身の「個」としての価値を本気で思考し、高める必要がある。

自分が担うべき役割は何か。今とるべきベストのアプローチは何か。

そうして自発的に思考するからこそ、チームに新たな力をもたらすことができる。

この世は原則、個人戦。個人戦から逃げるように、「皆と一緒に」と考える人は、チームにぶら下がっているだけだ。

個人戦を嫌い、メンバーの陰に隠れるような人は、他人に、チームに、社会に貢献することはできない。

厳しい言い方にはなるが、それがこの世の真実だ。

自分にしかできない何かを見つけるために

自分が担うべき役割、自分にしかできない何か。これを見つけるのは簡単ではない。

多くの人は、一度はその問いに向き合い、悩み、答えを見つけられずにいるのではないだろうか。

そんなときこそ、ライバルを持つことを提案したい。

今すぐに生涯のライバルを見つけよ、と言っているわけではない。

まずは1人、自分の周りにいる「気になる人」を意識してみるだけでいい。

最初は目標型ライバルがおすすめだ。ある特定の分野、あるいは今手掛けている案件において、目標となるような存在を見つけよう。

そして、観察してみよう。気まずいので、決して相手に悟られないように注意しながら。

すると、何が起きるか。

本書ではライバルがいることによって得られる様々な効果を見てきた。

積極的な行動を心がけるようになる。

全く新しいことにチャレンジする。

他者と協力し合う。

自分自身を客観視するようになる。

もっと優れた人間になりたいと思うようになる。

こんな風に、ライバルを持つことによる正の効果を享受できれば、きっとあなたの日々は前よりほんの少しだけ充実したものに変わるだろう。

「最高のチーム」が生まれる瞬間

いよいよ本書も終わりに近い。

最後に、再び本研究で得られたエピソードをお届けしたい。これは本研究のインタビュー調査に回答してくれた30代男性（Dさん）の話だ。

「いつか一緒に仕事ができたらって、ずっと前から思ってたんです」

国内のIT系企業に勤めるDさんは、3つ下の後輩のFさんからそう言われたそうだ。自社の強みを活かした市場調査サービスの改良版を開発するプロジェクトが発足したときのことだった。

それは合計8人が関わるプロジェクト。そのなかでも、既存の業務を加えた総業務量のうち、50%以上をこのプロジェクトに充てることになったのは、40代で課長級のプロジェクトリーダーと、Dさん、そしてFさんの3人だけ。

後輩と言っても、Dさんは中途の転職組で、Fさんは新卒からの生え抜きだ。だから、ふたりの会話は今も昔もずっと敬語。

ただＦさんは、Ｄさんが転職してきた直後から手掛けてきた仕事内容を、なぜかよく知っていた。

あるときＤさんは、一度Ｆさんの企画書を見たとき、ちょっと自分のそれと似ているなと思ったらしい。その頃から、ＤさんもＦさんのことは無意識に注目していたかもしれない。

プロジェクトの発足後、ＤさんはＦさんからこう言われたそうだ。

「自分が最初にこのプロジェクトの話を聞いたときは、じつは自分の業務時間の20％を割く予定でした。それをリーダーに進言して、60％にしてもらったんです」

そしてＤさんは、Ｆさんからそんな話を聞いたと、冗談めかしてリーダーに話した。

するとリーダーは、真剣な顔でこう言ったそうだ。

「そうだよ。Ｆさんから、Ｄさんは何％なのかと訊かれたから、60％と答えたら、『Ｄさんはライバルなので自分も同じにしてほしい』って。俺はその瞬間、喜んで部長を説得した。実際、このメンバーで今の課題が突破できなかったら、少なくともうちの会社ではできないってことだと思ったから」

僕のインタビューでこんなエピソードを提供してくれたDさんは、自身の心境についてこう語ってくれた。

「自分が誰かのライバルになるなんて思ってもみなかったです。でも、静かに気合いが入りました。もちろん怖さはありますけど、こりゃ逃げられないなって」

自分が誰かのライバルになるなんて。
これは本音だろう。
ちょっと嬉しくて、でもどこか恥ずかしく、少し怖いような。
でも逃げちゃいけないと思わせられるような。
そして、静かに気合いが入る。
そのときの気持ちが手に取るようにわかる、素敵な表現だ。
読者の皆さんも、ぜひそんな感覚を味わってほしいと思う。
そしてライバルとともに、まだ見ぬ景色を見つけてくれたら嬉しい。

おわりに——「誰かと競う」ことの素晴らしき価値

「たぶん自分だけがライバル視していたと思います」の裏側で

本書の締めくくりに、本研究で発見したもう1つの興味深いストーリーをお届けしよう。第2章で触れたように、そもそもライバルとは認知の問題だ。兄弟とか、同級生とか、先輩と後輩とか、そういった客観的に描写可能な事実は、ライバル関係には一切存在しない。つまり、ライバル関係を証明することはできない。あくまで個人の主観的な認知によって構成されている。それがライバルだ。

それを示唆するように、質問票調査の回答者の多くは「自分だけが相手をライバル視している」と考えていた。相手が自分をライバルと思っているかどうかも、相手に訊いてみなければわからない。

さて、興味深い発見というのは、ここからだ。

じつはインタビュー調査の中で、ライバル同士にインタビューできたケースが3件あった。

むろん、本人たちには内緒だ。言ったら回答にバイアスがかかってしまう。

そして驚くことに、そのすべてで同じ結果が得られた。

それは、ライバルとして挙げられた3人とも、相手（最初に僕のインタビューに答えてくれた回答者）のことをライバルだとちゃんと認識していた。

これはとても滑稽なことだと思う。あるいは微笑ましいというべきか。

多くの人は、自分のライバルを念頭に置くとき、「相手は自分のことは何とも思ってないと思うんです」と言う。

でも、じつは双方が全く同じ感情を抱いている――。

これもライバル関係の1つの魅力なのかもしれない。

片想いだと思っていたら、じつは両想い。

いや、正確には両片想い。

これが真の両想いになることはないだろう。

なぜなら人は、「私はあなたのことをライバルだと思っています」とは言えないことも、本研究結果から判明している。

もしかしたらライバルの告白は、愛の告白よりハードルが高いのかも。

そう思わせるくらい、ライバル意識というものは秘められた感情なのだ。

じつは両片想いだったライバルたち

第1章の冒頭で紹介した、Hさんのストーリーを覚えているだろうか。

同期の中に、Kさんというライバルを見つけた人の話だ。

Hさんはインタビューの最後に、Kさんに対する相反する2つの感情を話してくれた。


「Kに負けたくない。対等に付き合える自分でありたい」

「Kに出会えて本当に良かった。Kと同期になれた自分はとても幸運で、自分は本当に人に恵まれてる」

じつは、僕はこのKさんにもインタビューをしている。

そう、先ほど「3件のライバル同士にインタビューできた」と言ったが、そのうちの1件がHさんと、そのライバルKさんだ。

ここからは、Kさんから聞いた話を共有しよう。

Kさんもまた、Hさんのことをライバルだと思っていた。

なぜKさんにとってHさんはライバルとなったのか。どんなことがきっかけで、そう感じるようになったのか。

そう問う僕へのKさんの回答を要約すると、次の通りだ。


「Hさんのことを、この人すごいな、と思うようになったのは、まだ入社する前の内定者バイトのときからです。あくまでも自分の目から見て、ということになるのですが、そのときからHさんは目立っていたように思います。

自分は理系肌というか、どうしても『客観的に見えること』しか発言できないんです。でもそれって、要するに誰が見てもわかること、ってことじゃないですか。

だから、大体いつも、自分がチームに貢献できることって、『補足』とか『振り返り』

って感じになるんです。

でもHさんは違ってました。周りが見えるっていうか、人の立場や状況なんかも把握できてるんです。だから、結果的にHさんがチームにいるかどうかで、メンバーの安心感はまるで違ってました。

Hさんにとっては、メンバーの考えは大体察しがついていて、だからいつもその先を考えてるんだな、って思って。

そんな風に、Hさんはすごいんですけど、もうどうしたらそんなことができるのか、意味わからないレベルなんですけど、でも負けたとは思いたくないんですよね。

だから今は、Hさんが作った資料が回ってきたときは、めっちゃ見てます。Ｓｌａｃｋのチャネルで、自分はメンションもされてないんですけど、こっそり見ます。だって資料を見ると、その人の思考がトレースできるような気がするじゃないですか。

でも、気がするだけだと我慢できず、結局最近はHさん本人に訊きに行っちゃってるんですけどね。今は部署が違うので、むしろ気軽に行けるというか。

Hさんは普通にどう考えたかを教えてくれますよ。『ああ、それ』みたいな感じで。

私が（Hさんを）ライバル視しているなんて、1ミリも気付いてないと思います（笑）」

第1章で見たように、Hさんがkさんをライバル視していたのは「相手が自分にないものを持っているから」という理由によってだった。

そして全く同じ理由によって、KさんもHさんをライバルだと認めていた。

誰かをライバルだと感じて嫉妬や悔しさを抱えながらも、自分なりの方法で、勝つための努力をする。

その姿が相手にも認められ、自分もまた「ライバル」として認識される。

自分を認めてくれる存在がいることは、大きな自信と喜びをもたらしてくれる。

こうなったとき、相手はもう「負けたくない人」ではなく、「人生に欠かせない存在」となっているのではないだろうか。

何というか、Hさん、幸せ者だ。

じつは、僕がKさんにもインタビューしたことは、当のHさんには話していない。

だからもしかしたら、この本を手に取って、この章を読んで初めてこの事実に気付いて、今まさに「え?」ってなってるかも……(内緒にするのは、回答にバイアスがかかってしまうことを防ぐための科学的な処置であって、悪気はありません)。

消えてしまった成長の機会を取り戻す

第2章では、「現代からライバルが消えた理由」と題し、日本における競争環境の変遷と現状を整理した。いかにして競争そのものが「悪」とされ、日本社会から排除されてきたかを振り返った。

しかし、ここに思いもよらなかった皮肉的な結末が訪れる。良かれと思って進めてきた競争原理の排除が、事前には想定していなかったところで大きな副作用を生むこととなった。


それが「個としての強さ」や「個としての成長」の消失だ。

「競争」から「協調」へ。

「個」ではなく「みんな」で。

「飛び出る」より「合わせる」。

優しく、温かい考えだが、本当にそれだけでよかったのだろうか。


もしかしたら僕たちは、とても多くのチャンスを失ってしまったのではないか。

学校や社内で競い合うことは、もうほとんどない。

同期や先輩とバチバチしたり、業績を競い合うこともうない。

こうして僕たちは、一体どれほどの「失敗」や「敗北」の機会を失っただろうか。

それこそが、「学び」と「成長」の機会だったのではないか。


今の日本は、愕然とするほどのアンチ競争社会だ。

その代わりとしての超協調社会。

僕はここに強く警鐘を鳴らしたい。

目を覚まそう。見境のない協調主義は同調を生むだけだ。

そうして強化された同調からは模倣しか生まれない。どっちを向いても同じ、量産型社会。

当たり障りのない「最大公約数」ばかりの社会だ。


だからもう一度、正しい競争を考えよう。

理想的な競争環境とは何か。どうしたら協調や共同のメリットを失うことなく、競争の正の側面を復活させることができるのか。

そのヒントが、ライバルにあった。

これが本研究の成果だ。だから何度でも言う。

ライバルを持つことで、僕たちはより一層努力し、お互いの存在を認め合い、協力し、高め合うことができる。

ライバルがいることによって、自分を見つめ直し、積極的に行動するようになる。

ライバルの存在こそが、自分自身のビジョンを明確にし、成長の道しるべとなってくれる。

ライバルを見つけよう

本研究のインタビュー調査から、ライバルと聞いただけで「ちょっと怖い」「なぜ必要なのかわからない」と感じる人が一定数いることが明らかになった。

本研究の質問票調査から、ライバルがいない多くの人は、ライバルの存在を「ストレスが増える」「自分を見失いそう」と思う傾向にあることがわかった。

本書は、そういった人たちにライバルを持つことを強要するものではない。

ライバルや競争といった概念に対し、読者の皆さんとともに一段上の視点から、理解と共有を得ようとするものだ。

だから、最後にもう一度だけ言う。

本研究によって得られた、もう1つの成果についてだ。

ライバルを持つ多くの人にとって、ライバルは怖い存在ではなかった。

むしろライバルは友であり、仲間であり、貴重な相談相手でもあった。

ライバルを持つ多くの人にとって、勝ち負けは大きな問題ではなかった。

むしろライバルは自分の成長を促してくれる指針であり、それを見守ってくれる同志であった。


あなたが主人公キャラかどうかは問題ではない。

自分に自信があるかどうかも関係ない。

誰もが能力を秘めている。

ライバルは、それを見つけに行く旅立ちのきっかけを与えてくれる。

そうして見つけたものが、あなただけの宝物であると気付かせてくれる。

そして、その宝物を磨く大切さを教えてくれる。

そのことを実感できるくらいになったとき、あなたの周りには、きっとあなたのことをライバルとして見ている人がいる。
そのときに感じる充実感や幸福感をぜひ体験してほしい。

ライバルとは一人ひとりが心の中に宿す偶像だ。誰にも奪い取ることはできない。
そして同時に、誰も与えることはできない。
つまりライバルを持つことは、自分にしかできない。

だから、自分からライバルを見つけよう。
候補は、必ずあなたの周りにいる。
もしかしたら、すぐ隣にいるかもしれない。
一度、ゆっくり観察してみてはいかがだろうか。

本研究において参考にした先行研究・文献一覧

Anderman, E. M. et. al. (1998) Motivation and cheating during early adolescence. *Journal of Educational Psychology*, 90(1), 84-93.

Anderman, E. M. and Midgley, C. (2004) Changes in self-reported academic cheating across the transition from middle school to high school. *Contemporary Educational Psychology*, 29(4), 499-517.

Ausubel, D. P. (1968) *Educational psychology: a cognitive view*. Holt, Rinehart and Winston: New York.

Carpenter, J. et. al. (2010) Tournaments and office politics: Evidence from a real effort experiment. *American Economic Review*, 100(1), 504-517.

Converse, B. A. and Reinhard, D. A. (2016) On rivalry and goal pursuit: Shared competitive history, legacy concerns, and strategy selection. *Journal of Personality and Social Psychology*, 110(2), 191-213.

Ederer, F. (2010) Feedback and motivation in dynamic tournaments. *Journal of Economics & Management Strategy*, 19(3), 733-769.

Federico, G. et. al. (2020) Antitrust and Innovation: Welcoming and Protecting Disruption. *Innovation Policy and the Economy*, 20(1), 1-299.

Förster, J. et. al. (2003) Speed/accuracy decisions in task performance: Built-in trade-off or separate strategic concerns? *Organizational Behavior and Human Decision Processes*, 90(1), 148-164.

Grant, A. M. and Shandell, M. S. (2022) Social motivation at work: The organizational psychology of effort for, against, and with others. *Annual Review of Psychology*, 73, 301-326,

Greve, H. R. (1998) Performance, aspirations, and risky organizational change. *Administrative Science Quarterly*, 43, 58-86.

Greve, H. R. (2008) A behavioral theory of firm growth: Sequential attention to size and performance goals. *Academy of Management Journal*, 51, 476-494.

Henderson-King, E. et. al. (1997) In-group favoritism and perceived similarity: A look at Russians, perceptions in post-Soviet era. *Personality and Social Psychology Bulletin*, 23, 1013-1021.

Hui, C. M. et. al. (2013) Loving freedom: Concerns with promotion or prevention and the role of autonomy in relationship well-being. *Journal of Personality and Social Psychology*, 105(1), 61-85.

Jetten, J. et. al. (1998) Defining dimensions of distinctiveness: Group variability makes a difference to differentiation. *Journal of Personality and Social Psychology, 74*, 1481-1492.

Josefina C. et. al. (2023) One city two teams: A mixed approach study for exploring sports fandom. *Cogent Social Sciences*, 9, 1.

Kanfer, R. and Ackerman, P. L. (2004). Aging, adult development, and work motivation. *Academy of Management Review*. 29, 440-458.

Kilduff, G. J. et. al. (2010) The psychology of rivalry: A relationally dependent analysis of competition. *Academy of Management Journal*, 53(5), 943-969.

Kilduff, G. J. (2014). Driven to win: Rivalry, motivation, and performance. *Social Psychological and Personality Science*, 5(8), 944-952.

Kilduff, G. J. et. al. (2016) Whatever it takes: rivalry and unethical behavior. *Academy of Management Journal*, 59 (5), 1508-1534.

Milstein, N. et. al. (2022) Rivalry and performance: A systematic review and meta-analysis. *Organizational Psychology Review*, 12(3), 332-361.

Nalebuff, B. J. and Stiglitz, J. E. (1984) Corporation prizes and incentives: Towards a general theory of compensation and competition. *The Bell Journal of Economics*, 14(1), 21-43.

Pike, B. E. et. al. (2018) The Long Shadow of Rivalry: Rivalry Motivates Performance Today and Tomorrow. *Psychological Science.* 29(5), 804-813.

Porac, J. F. et. al. (1995) Rivalry and the industry model of Scottish knitwear producers. *Administrative Science Quarterly,* 40, 203-227.

Reh, S. et. al. (2018) Keeping (future) rivals down: Temporal social comparison predicts coworker social undermining via future status threat and envy. *Journal of Applied Psychology,* 103(4), 399-415.

Salthouse, T. A. (2012). Consequences of age-related cognitive declines. *Annual Review of Psychology,* 63, 201-226.

Sonenshein S, et. al. (2017) Competition of a different flavor: how a strategic group identity shapes competition and cooperation. *Administrative Science Quarterly,* 62, 626-656.

To C, et. al. (2018) Going for it on fourth down: Rivalry increases risk taking, physiological arousal, and promotion focus. *Administrative Science Quarterly,* 61, 1281-1306.

Tyler, B. D. and Cobbs, J. B. (2015) Rival conceptions of rivalry: Why some competitions mean more than others. *European Sport Management Quarterly,* 15(2), 227-248.

太田伸幸(2001)「学習におけるライバルを認知する理由の検討」性格心理学研究 10(1) 45-57.

太田伸幸(2012)「ライバル認知の生起過程に関する研究：半構造化面接を用いた事例的検討」現代教育学部紀要 4 23-31.

太田伸幸(2007)『ライバル関係の心理学』ナカニシヤ出版

河野義章・根本恵美子(1984)「競争と二種類の不安」福島大学教育学部論集 教育・心理部門 36 1-7.

長峯聖人他(2019)「制御焦点とライバル関係との関連：ライバルによる理想自己の顕在化と動機づけの生起を考慮して」教育心理学研究 67(3) 162-174.

［著者］

金間大介（かなま・だいすけ）

金沢大学融合研究域融合科学系 教授
東京大学未来ビジョン研究センター 客員教授
一般社団法人WE AT（ウィーアット）副代表理事
一般社団法人日本知財学会 理事

北海道生まれ。横浜国立大学大学院工学研究科物理情報工学専攻（博士〈工学〉）、バージニア工科大学大学院、文部科学省科学技術・学術政策研究所、北海道情報大学准教授、東京農業大学准教授などを経て、2021年より現職。博士号取得までは応用物理学を研究していたが、博士後期課程中に渡米して出合ったイノベーション・マネジメントに魅了される。それ以来、イノベーション論、マーケティング論、モチベーション論等を研究。『先生、どうか皆の前でほめないで下さい：いい子症候群の若者たち』（東洋経済新報社）、『静かに退職する若者たち：部下との1on1の前に知っておいてほしいこと』（PHP研究所）など、著書多数。

ライバルはいるか？
――科学的に導き出された「実力以上」を引き出すたった1つの方法

2024年12月3日　第1刷発行

著　者――金間大介
発行所――ダイヤモンド社
〒150-8409　東京都渋谷区神宮前6-12-17
https://www.diamond.co.jp/
電話／03･5778･7233（編集）　03･5778･7240（販売）

デザイン・図版作成――杉山健太郎
イラスト――ヤギワタル
DTP――茂呂田剛＋畑山栄美子（エムアンドケイ）
校正――円水社
製作進行・図版作成――ダイヤモンド・グラフィック社
印刷――勇進印刷
製本――ブックアート
編集担当――石井一穂

ISBN 978-4-478-12119-1